AF534007

V
H

Basiswissen Grundschule

Band 37

Inklusiver Sachunterricht

Theorie und Praxis

Von

Astrid Kaiser / Simone Seitz

Schneider Verlag Hohengehren GmbH

Basiswissen Grundschule

Herausgegeben von:

Band 1 bis 18: Jürgen Bennack

Ab Band 19: Astrid Kaiser

Die Reihe „Basiswissen Grundschule“ ist einem schüler- und handlungsorientierten, offenen Unterricht verpflichtet, der auf die Stärkung einer selbstständigen, sozial verantwortlichen Schülerpersönlichkeit zielt.

Titelbild: privat

Gedruckt auf umweltfreundlichem Papier (chlor- und säurefrei hergestellt).

Bibliografische Information der Deutschen Nationalbibliothek

Die Deutsche Nationalbibliothek verzeichnet diese Publikation in der Deutschen Nationalbibliografie; detaillierte bibliografische Daten sind im Internet über ›http://dnb.dnb.de‹ abrufbar.

ISBN 978-3-8340-1797-0 – **3. unveränderte Auflage**

Schneider Verlag Hohengehren, Wilhelmstr. 13, 73666 Baltmannsweiler

Homepage: www.paedagogik.de

Inhaltsverzeichnis

0 Vorwort

In diesem Buch wollen wir die oft nur plakativ geführte Inklusionsdebatte kritisch konstruktiv auf den Sachunterricht beziehen und konkretisieren. Dabei geht es uns nicht nur darum, die theoretisch erforderlichen Merkmale zu differenzieren, sondern auch um die praktische Umsetzung. Wir zeigen anhand von praktischen Beispielen zu den für inklusiven Sachunterricht zentralen Inhaltsbereichen wie Körperthemen, „Ich-Du-Wir-Thematik", „Kleine große Dinge" und „Sich-Wundern-Themen" beispielhaft auf, wie inklusiver Sachunterricht aufgebaut werden kann, beginnend mit dem Phänomen bis zum Abschlussritual. Wir bieten auch eine Vielzahl an Differenzierungsmöglichkeiten an. Dabei sind die einzelnen Differenzierungsbeispiele nur Anregungen. Entsprechend haben wir nicht jedes Thema in den praktischen Möglichkeiten gleich weit aufgeschlossen, manchmal haben wir nur wenige Beispiele als Anregung notiert, manchmal haben wir die Thematik stärker aufgeschlüsselt. Mit dieser beispielhaften Struktur wollen wir zeigen, dass inklusiver Sachunterricht ein Prozess ist und längst noch nicht abgeschlossen. Die Unterrichtsthemen mit nur wenigen Ankerbeispielen fordern geradezu dazu auf, noch weitere eigene Ideen an Differenzierungsmöglichkeiten ergänzend hinzuzufügen.

So gesehen ist dieses Buch ein Orientierungsbuch, das zu weiteren praktischen Ergänzungen und Erfahrungen anregen will und den theoretischen Rahmen dafür umreißt, wie inklusiver Sachunterricht in der Praxis umgesetzt werden kann.

Oldenburg und Paderborn
September 2017

Astrid Kaiser und Simone Seitz

1 Was ist inklusiver Sachunterricht?

Dieses Buch handelt von inklusivem Sachunterricht. Was ist damit genau gemeint?

Gehen wir von der Annahme aus, dass jeder Unterricht ganz selbstverständlich inklusiv zu sein hat, da wir eine entsprechende menschenrechtliche Lage haben, könnten wir das Attribut „inklusiv“ für überflüssig halten – es ginge dann statt um inklusiven Sachunterricht schlicht um guten Sachunterricht. So gesehen wäre das Buch hier beendet oder besser betitelt mit „Guter Sachunterricht“. Diese Schlussfolgerung griffe ganz sicher zu kurz. Zwar gehen wir mit diesem Buch klar von der menschenrechtlichen Verpflichtung zur Umsetzung eines (diskriminierungsfreien) Zugangs zu Bildung in Form inklusiver Schulen aus (United Nations 1989; 2006; 2016; UNESCO 1994; 2009). Doch nehmen wir dabei zugleich die bisherigen Entwicklungen und die aktuelle Lage in den Blick und wollen von hier aus inklusive Qualität des Unterrichts entwickeln.

Wir machen es uns mit diesem Buch daher zur Aufgabe, konkrete Ideen und Anregungen für Lehrkräfte zu entwickeln, die aktuell und zukünftig unter den unterschiedlichsten Bedingungen inklusiv unterrichten. Dabei wollen wir nicht beschönigen oder idealisieren, sondern brauchbare und nützliche Ideen vorlegen, die auch in den zum Teil recht widersprüchlichen Rahmenbedingungen von Grundschulpraxis in den einzelnen Bundesländern angewendet und weiterentwickelt werden können. Und wir wollen dabei für inklusiven Sachunterricht begeistern.

Denn Inklusion ist nicht allein durch Worte, Beschlüsse und gesetzliche Regelungen herzustellen. Es genügt nicht, eine Schule zur inklusiven Schule zu erklären. Inklusion ist nur dann gegeben, wenn sie bei den Kindern ankommt. Und das geschieht nur, wenn sie von Lehrerinnen und Lehrern im alltäglichen Unterricht als pädagogische und didaktische Aufgabe verstanden und angegangen wird.

Wir erreichen wirkliche Inklusion nur, wenn wir sie im Alltag der Schule lebendig werden lassen. Dazu gehören neben den Pausen, den Nachmittagsangeboten und den Ankommens- und Verabschiedungszeiten vor allem die Unterrichtsstunden und -einheiten. Dies gilt für jedes Fach und jeden Lernbereich.

Mit dem vorliegenden Buch soll ein besonderes Augenmerk auf den konkreten Sachunterricht gelegt werden. Jede Unterrichtsstunde, jede Unterrichtseinheit sollte den Ansprüchen von Inklusion genügen, wenn wir nicht nur hohle Phrasen der Inklusion auf Festtagsreden hören wollen, sondern Inklusion tatsächlich lebendig machen wollen. Deshalb sollen hier Merkmale und Praxisideen für den Sachunterricht entwickelt werden, die auch in die Alltagspraxis transferierbar sind. Denn der theoretische Diskurs zu Inklusion ist immer noch häufig zu weit entfernt vom Praxishandeln im Schulalltag. Für Lehrkräfte ist es daher mitunter schwierig, sich auf die weitgreifenden Postulate und Qualitätsstandards für Inklusion einzulassen, zumal die entwickelten Praxiskonzepte nur selten über praxisnahe Forschung in den Fachdiskurs aufgenommen werden (vgl. Seitz 2005; 2006).

Viele Lehrerinnen und Lehrer bezweifeln aktuell, ob sie Inklusion in ihrer eigenen Schule erfolgreich umsetzen können. Sparmaßnahmen im Bildungsbereich nähren dabei vielerorts den Verdacht, dass die Entwicklung eines inklusiven Schulsystems nicht nachhaltig durch staatliche Maßnahmen unterstützt wird.

Vielfach werden aber nicht die knappen oder unzureichenden Ressourcen beklagt, sondern vor allem das Fehlen geeigneter didaktischer Konzepte. Diese Einschätzung stimmt nur bedingt. Denn zum einen wird inklusiver Sachunterricht an vielen Grundschulen bereits seit Jahrzehnten erfolgreich praktiziert, es liegen folglich viele Erfahrungen vor und es gibt viele Lehrkräfte mit hoher Expertise in der Gestaltung inklusiven Unterrichts (Scheidt 2017). Diese jedoch werden nur selten zugänglich gemacht. Zum anderen ist inklusiver Sachunterricht vor allem guter Sachunterricht.

Inklusiver Unterricht ist kein gänzlich neu zu erfindender Unterricht, sondern in erster Linie guter kindzentrierter Unterricht. Aber er ist dies in besonders überlegter Weise, nämlich als Sachunterricht für alle Kinder, also für wirklich **alle** und nicht wie der gängige Unterricht nur für das fiktive Durchschnittskind.

Der Sachunterricht als ein schulisches Hauptfach mit viel Gestaltungsfreiraum bietet sich besonders an, um inklusive Alltagsdidaktik zu erproben und umzusetzen. Deshalb soll in diesem Buch gezeigt werden, wie inklusiver Unterricht für den Sachunterricht entwickelt werden kann. Die dabei hervorgehobenen Merkmale und Voraussetzungen sind auch Anhaltspunkte für den Transfer auf andere Unterrichtsfächer und Lernbereiche. Der Schwerpunkt des Buches liegt hier klar auf der Umsetzung im Sachunterricht. Andere Bücher zum inklusiven Lernen für die Grundschule sind kürzlich zu den Unterrichtsfächern Mathematik (Korff 2015, Fetzer 2016) und Deutsch (Pompe 2015; Naugk et al. 2016) erschienen.

1.1 Inklusiver Sachunterricht und bildungspolitische Entwicklung

Inklusive Pädagogik wird in Deutschland gegenwärtig oftmals als ein fernes Ideal beschrieben, das nicht so leicht erreicht werden kann. Die Umsetzung wird in entsprechend kleinen Schritten angegangen.

Viele andere Länder betrachten die zögerliche Umsetzung inklusiver Schulen in Deutschland mit Kopfschütteln, denn dort ist dies bereits seit vielen Jahrzehnten der Normalfall. Als die UN-Behindertenrechtskonvention (United Nations 2006), die das Recht aller Kinder zum Besuch einer allgemeinbildenden Schule festschreibt, 2009 in Deutschland ratifiziert wurde, waren hierzulande 6% aller Kinder vom allgemeinbildenden Schulsystem ausgeschlossen. Deutschland hatte damit innerhalb von Europa die zweithöchste Aussonderungsquote (nur in Belgien besuchte ein noch höherer Anteil der Kinder Sonderschulen; European Agency 2010). Zugleich hat Deutschland im internationalen Vergleich die meisten Sonderschulformen erfunden. Schüler und Schülerinnen wurden (und werden teilweise auch heute noch) auf bis zu zehn unterschiedlichen Arten von Sonderschulen verwiesen – so gibt es u. a. Schulen für die Bereiche Lernen, Emotionale-Soziale Entwicklung, Hören, Sehen, Sprache, Körperlich-motorische Entwicklung, Geistige Entwicklung. Wir haben somit ein fast perfektes Aussonderungssystem entwickelt, das in Deutschland zu der immer noch weit verbreiteten Vorstellung geführt hat, Kinder, die ein Gutachten als sonderpädagogisch förderbedürftig erhalten, könnten nur an speziellen Orten von speziell ausgebildetem Personal sinnvoll beschult werden.

Auch heute besuchen noch 4,7% aller Kinder keine allgemeinbildende Schule (vgl. Klemm 2015, S. 30), Zusammen mit der Mehrgliedrigkeit des Schulsystems in der Sekundarstufe hat dies enormen Einfluss auf die Sichtweise von Lehrkräften auf ihre Arbeit. Denn schon lange wissen wir, dass die Zuweisungen von Kindern zu unterschiedlichen weiterführenden Schulformen vorwiegend nach sozialen Milieus erfolgen und nicht nach gezeigter Leistung oder nach festgestellten Potenzialen von Kindern (Stamm 2014). Kinder aus Familien, in denen die Eltern einen hohen Bildungsabschluss haben, werden immer noch weit häufiger für ein Gymnasium empfohlen (Solga/Dombrowski 2009). In Bezug auf die Überweisung zu Sonderschulen ist der Zusammenhang von sozialer Herkunft und Bildungserfolg noch deutlicher, Kinder aus schwierigen Lebenslagen sind hier deutlich überrepräsentiert, die entsprechenden Diagnosen sind unscharf und häufig von Vorurteilen beeinflusst (Kottmann 2006; Edelstein 2006; Lanfranchi 2016).

Zwei gesellschaftliche Bewegungen haben versucht, an diesen Zusammenhängen etwas zu ändern, die Gesamtschulbewegung und die Integrationsbewegung. Beide hatten bis vor kurzem noch wenig praktische Wirksamkeit, Gesamtschulen und Integrationsschulen blieben zumeist Ergänzungsangebote zu einem ansonsten unveränderten Schulsystem. Auch der Umstand, dass der UN-Sonderbotschafter Muñoz vor zehn Jahren das deutsche Bildungssystem mit der Aussortierungslogik als ungewöhnlich ungerecht kritisierte und Reformen anmahnte (Overwien/Prengel 2007), hatte nur wenig Wirksamkeit in der Öffentlichkeit und Bildungspolitik.

Vielmehr stehen wir in Deutschland auch heute vielerorts noch am Anfang der Umsetzung des Rechts aller Kinder, in der Schule vorbehaltlos akzeptiert und unterstützt zu werden. Dabei wäre es mit Blick auf die Vielfalt an Kindern im Schulalter insgesamt eigentlich selbstverständlich, alle Kinder so wie sie sind anzunehmen und zu fördern und alle Kinder dazu zu befähigen, in der sozialen Gemeinschaft einer Schule die Fähigkeit zu erlangen, in dieser „Gemeinschaft der Verschiedenen“ klarzukommen (Klafki 1994; Sliwka 2008). Angesichts wachsender Gegensätze zwischen Arm und Reich in Deutschland und der Situation, dass die Mehrsprachigkeit von Kindern immer mehr den Normalfall darstellt, ist es dringend notwendig, hier Konzepte zu entwickeln, die kritisch und konstruktiv mit den sehr unterschiedlichen Lebenslagen von Kindern umgehen und Mehrsprachigkeit als Ressource für den Unterricht nutzen können. Dies würde dem diskriminierungsfreien Zugang zu Bildung, wie dies in der Kinderrechtskonvention (United Nations 1989) und der Behindertenrechtskonvention (United Nations 2006) gleichermaßen zugrunde gelegt wird, entsprechen. Inklusive Schulen sind dann der strukturelle Rahmen zur Umsetzung dieses Rechts, die pädagogische und didaktische Umsetzung findet hier statt (Seitz 2014; 2017a).

Die insgesamt über ein Jahrhundert währende Praxis des Sonderschulsystems prägt allerdings weiterhin vielfach die Kulturen in Schulen, denn mit dem systematischen Ausschluss von so vielen Schülern und Schülerinnen aus den allgemeinen Schulen wurden zugleich wichtige Qualifizierungsanteile im Lehramtsstudium an die hierfür geschaffene Disziplin der Sonderpädagogik ausgelagert.

In der Folge dieser Institutionalisierung finden wir in der Praxis viele Regelungen und auch pädagogische Handlungsweisen, die sich nicht am Kind orientieren, sondern an Ausgrenzung. Wir haben uns in den letzten Jahrzehnten schlicht daran gewöhnt, dass es für jeden „Begabungstyp“ und „Förderschwerpunkt“ eine spezielle Schule gibt – und der Umgang mit Verschiedenheit somit in großen Teilen organisatorisch gelöst wurde. Diese Praxis erschien den meisten selbstverständlich, obwohl dies in keinem anderen Land in dieser Form praktiziert wird. Denn in der Realität gibt es weder Kinder eines Begabungstyps, da Begabung veränderlich und u. a. vom schulischen Angebot abhängig ist, noch gibt es den Idealtypus eines so genannten „verhaltensauffälligen“, „körperbehinderten“ oder „lernbehinderten“ Kindes (Seitz 2007; Seitz et al. 2016). Kinderpersönlichkeiten sind komplex, haben eine Entwicklungsgeschichte und sind veränderbar, das Etikett eines Förderschwerpunkts oder Begabungstyps reduziert diese Persönlichkeit unsachgemäß auf EIN vermeintlich unveränderliches Merkmal und wird ihr daher nicht gerecht. Es übersieht außerdem die mit den tradierten Zuweisungen der sonderpädagogischen Förderbedarfsformen einhergehenden Diskriminierungspraktiken. Denn es sind wie beschrieben auffallend viele Kinder aus schwierigen Lebenslagen, die auf diese Weise aus dem allgemeinen Schulsystem ausgeschlossen wurden – gesellschaftliche Schieflagen werden über die Aussonderungspraxis einzelner Kinder zu individuellen Defiziten bestimmter Kinder umgedeutet und führen dazu, dass die Kinder mit den schwächsten Startpositionen auch späterhin zumeist auf den schwächsten gesellschaftlichen Positionen bleiben.

Auch daher ist ein Denken in Schubladen und Kästchen im Blick auf die Gestaltung inklusiver Schule nicht angemessen. Zwar kann es in der Schulpraxis administrativ notwendig sein, Klassifizierungen pragmatisch zu nutzen, um das Recht eines Kindes auf Unterstützung durchzusetzen. Die Reduzierung eines Kindes mit all seinen Besonderheiten und dem was es ausmacht auf eine Klassifizierung „sonderpädagogischen Förderbedarfs“ unterschlägt jedoch die systemische Einrahmung individueller Entwicklung in die Lebenslage und die gesellschaftlichen Bedingungen.

Bei mehr als der Hälfte der ausgesonderten oder zumindest etikettierten Kinder geschieht dies mit der Begründung von Förderbedarf im Bereich Lernen oder Emotionale-Soziale Entwicklung. Dies sind Kategorien, welche die Schule als Institution selbst „erfunden“ hat und die nur innerhalb des Schulwesens Geltung besitzen. Betroffen hiervon sind vor allem Kinder aus benachteiligten Lebenslagen. Die Förderung des Lernens und der emotionalen-sozialen Entwicklung von Kindern sind aber zweifellos zwei zentrale Aufgaben der allgemein bildenden Schule – gerade von Kindern in ungünstigen Lebenslagen. Eine Schule, die sich nicht für die Unterschiedlichkeit des Lernens und der emotionalen bzw. sozialen Entwicklung von Kindern verantwortlich fühlt ist daher paradox und die Entledigung von dieser Verantwortung eine echte Schwachstelle unseres Schulsystems. Die gelingende Umsetzung eines inklusiven Schulsystems ist somit auch ein wichtiger Beitrag zu mehr Bildungsgerechtigkeit.

1.2 Inklusiver Unterricht

Ein zentrales Problem bei der Umsetzung inklusiver Praxis in Schulen ist die fehlende Erfahrung. Kaum eine Lehrperson in Deutschland war selbst Schülerin oder Schüler in einer der wenigen integrativen Schulen und nur wenige hatten das Glück, dort zu unterrichten. Entsprechend groß ist nun die Sorge vieler Lehrkräfte, der Herausforderung inklusiv zu unterrichten, nicht gewachsen zu sein. Während inklusive Praxis in anderen Ländern seit Jahrzehnten selbstverständlich ist und über die menschenrechtliche Vereinbarung der Vereinten Nationen (United Nations 2006) lediglich bestätigt wurde, fühlen sich in Deutschland viele Lehrpersonen und Schulleitungen unvorbereitet. Wir können zwar auf viele wertvolle Erfahrungen und Forschungserkenntnisse der letzten vier Jahrzehnte zurückgreifen, die im Rahmen der Integrationsforschung und des jahrgangsübergreifenden und koedukativen Lernens entwickelt wurden (Deppe-Wolfinger/Reiser/Prengel 1990). Doch brauchen wir nun vor allem Erfahrungen in der Breite. Denn aus der Professionalisierungsforschung ist bekannt, dass Lehrkräfte ihre Expertise in der beruflichen Erfahrung selbst entwickeln. Abstraktes Wissen über menschenrechtliche Weisungen genügt folglich nicht. Soll inklusives Denken im Unterricht zur Normalität werden, so geht dies vor allem, wenn Lehrkräfte sich für inklusiven Unterricht öffnen, diesen erfolgreich praktizieren, sich hierüber mit Kolleg/innen und anderen Berater/innen austauschen und ihre Erfahrungen so in ihr professionelles Selbstverständnis eingehen können.

Mit diesem Buch wollen wir daher einen Beitrag dazu leisten, dass Lehrkräfte Lust bekommen, inklusiv zu unterrichten und ihre Ideen erfolgreich umsetzen können.

Dabei gehen wir davon aus, dass ein Unterricht nicht dadurch inklusiv ist, dass sich ein Kind mit zugewiesenem sonderpädagogischem Förderbedarf in der Klasse befindet (strukturelle Sichtweise), sondern durch die pädagogische und didaktische Unterfütterung mit inklusiven Prinzipien (qualitative Sichtweise). Diese werden im Verlauf des Buches verdeutlicht und in Praxisanregungen gefasst.

Vorab kann jedoch festgehalten werden: **Inklusiver Sachunterricht ist ein guter individualisierender und kommunikativer Sachunterricht mit besonderem Augenmerk auf den sachbezogenen Austausch der Kinder untereinander.**

Die Entwicklung inklusiven Unterrichts findet nicht im luftleeren Raum statt. Sie ist immer Teil der Schulentwicklung. Daher ist inklusive Praxis kein „Geheimrezept", das im stillen Kämmerlein der eigenen Klasse umgesetzt werden sollte, sondern lebt von der gegenseitigen Beratung und dem Ideenaustausch im Kollegium und darüber hinaus. Der Aufbau von Teamstrukturen an Schulen für Schulleitungen und die direkte Suche nach Austausch mit Kolleginnen und Kollegen auf Seiten der Lehrpersonen sind deshalb wichtige Strategien um inklusiven Unterricht gestalten zu können. Hierüber entsteht ein Klima der Veränderungsbereitschaft, das dann auch über die Schule hinaus wirken kann (Krämer-Kilic et al. 2014; Stähling/Wenders 2015). Unterstützende bildungspolitische Regularien können ein wichtiger Motor für erfolgreiche inklusive Schulentwicklung sein, erfolgreiche und öffentlichkeitswirksame Schulentwicklungen können aber zugleich bildungspolitische Reformen anstoßen – einzelne Schulen können oftmals mehr bewegen als gedacht (Seitz/Pfahl 2015; Stähling/Wenders 2012).

Zu den wichtigen und notwendigen Veränderungen auf der regulativen Ebene zählen etwa Weiterentwicklungen von Richtlinien und Curricula für ein inklusives Schulsystem. Denn inklusive Praxis fordert dazu heraus, die Beziehung zwischen Lehren und Lernen neu zu überdenken.

Der Stand hierzu ist in den einzelnen Bundesländern sehr unterschiedlich, aber auch im internationalen Raum etwas unübersichtlich. So finden wir beispielsweise im sonst so detailliert ausgearbeiteten „National Curriculum" Englands zur inklusiven Perspektive lediglich allgemeine Richtlinien. Es werden drei Prinzipien aufgestellt, nämlich

- angemessene Lernanforderungen zu stellen
- auf die verschiedenen Lernbedürfnisse der Schülerinnen und Schüler reagieren
- mögliche Lernbarrieren überwinden und individuums- und gruppengerechte Bewertungen gestalten (Aus: National Curriculum Science 2013, p 60–67).

Ungeachtet der obligatorischen Praxis in den Schulen ist folglich die Idee, dass dies weit greifende inhaltliche Veränderungen im Curriculum erfordert, auch dort noch nicht konsequent umgesetzt. Konkretere Vorschläge finden sich im „Index for Inclusion“ aus Großbritannien. Grundlage hier ist die Annahme: „... curricula are about what we might learn in order to live well“ (Booth/Ainscow 2011; S. 12).

Hiervon ausgehend entwerfen Booth und Ainscow Anhaltspunkte für ein inklusives Curriculum. Dieses geht von Welterfahrungen von Kindern und den Weltanforderungen an Kinder aus und setzt diese in Beziehung zueinander (Booth 2012; Booth/Ainscow 2011). Die curricularen Ideen sind:

Essen, Wasser, Kleidung, Wohnen, Mobilität, Gesundheit und Soziales, Umwelt, Energie, Kommunikation und Kommunikationstechnologie, Literatur, Kunst und Musik, Arbeit und Aktivität, Ethik, Macht und Regierung. Der Gedanke grundlegende Weltanforderungen an und Welterfahrungen von Kindern in einem curricularen Rahmen zu vereinigen, entspricht den von Klafki entwickelten Schlüsselproblemen in Kombination mit kindlichen Erfahrungswelten (Klafki 1994), wird allerdings von Booth selber nicht darauf zurückgeführt.

Die von Kaiser (2016) weiter entwickelte dreidimensionale Inhaltsstruktur für den Sachunterricht mit Schlüsselproblemen auf der einen Achse, kindlichen Entwicklungsdimensionen (ethische, ästhetische etc.) auf der zweiten Achse und den lebensweltlichen Veränderungen auf der dritten Achse (Kaiser 2016, S. 189) haben ebenfalls Bezüge zu Klafkis Konzept der Schlüsselprobleme und sind durchaus mit diesem Inhaltsrahmen vergleichbar. Dort heißt es wörtlich:

1. „Mobilitätsbildung in einer urbanisierten Welt
2. Kritische Informationsverarbeitung und ethische Beurteilung in einer Informationsgesellschaft
3. Kritische Konsumbildung in einer Welt der Vermarktung
4. Bewusste Ernährungsbildung, Bewegungserziehung, Körper- und Gesundheitsbildung in einer Welt der Warenexpansion
5. Sozial-emotionale Kompetenzentwicklung bei zunehmenden sozialen Konflikten
6. Sozial- und Sexualerziehung zur Stabilisierung der individuellen Glückfähigkeit in komplizierter werdenden sozialen Zusammenhängen
7. Kreativität, Entdecken und ästhetisches Gestalten in einer Welt der Bürokratisierung und Standardisierung
8. Authentische Kritikfähigkeit in einer Welt der Verwissenschaftlichung
9. Konstruktive technische Gestaltungsfähigkeit in einer Welt der Technisierung und Automatisierung
10. Verlässliche soziale Strukturen und Rituale schaffen in einer Welt des rapiden Wandels
11. Geborgenheit und Aufgehobensein schaffen in einer globalen Weltgesellschaft

12. Gewaltprävention in einer Welt der Gewaltexpansion
13. Toleranz und Akzeptanz in einer Welt der Verschiedenheit und Mehrkulturalität“ (Kaiser 2016, 189)

In diesem inhaltlichen Rahmen können die jeweiligen Themen für inklusiven Sachunterricht entwickelt werden. Allerdings muss dabei eine sinnvolle Auswahl getroffen werden, die sich aus den besonderen Bedingungen der jeweiligen Klasse und Schule ergeben. In diesem Buch nun werden einzelne Schwerpunktthemen genauer aufgeschlüsselt, die sich eignen, inklusiven Sachunterricht zu verstehen und umzusetzen.

1.3 Prinzipien inklusiven Sachunterrichts

Inklusiven Sachunterricht zu definieren fällt nicht schwer. Er ist erst einmal Sachunterricht in einer Grundschule für alle Kinder (Seitz 2004a; 2005). Dies klingt zunächst banal und ist doch hoch anspruchsvoll, denn es heißt, dass dieser Sachunterricht tatsächlich für alle Kinder konzipiert sein muss und nicht für ein Durchschnittskind – das es in der Realität allerdings ohnehin nicht gibt. Wenn wir „alle“ sagen, denken wir also an Mädchen und Jungen, Kinder verschiedener Kulturkreise oder ethnischer Herkunft bzw. Kinder die in ihrer Familiengeschichte oder Kinderbiografie unterschiedliche Kulturkreise verbinden, Kinder verschiedener Muttersprachen, Kinder mit unterschiedlichen Lebenslagen und Familienmustern, Kinder mit unterschiedlichen Befähigungen und Kinder differenter Lernvoraussetzungen und Lernerfahrungen. Alle diese Kinder gilt es, in einem konsequent inklusiven Sachunterricht auch tatsächlich dort abzuholen, wo sie sich aktuell bewegen, ihnen mit darauf abgestimmten hohen Erwartungen zu begegnen und sie motiviert mitzunehmen.

In inklusiven Grundschulen geht es folglich nicht mehr um die Frage, ob ein Kind im eigenen Unterricht „richtig“ ist oder besser in einer höheren oder niedrigeren Jahrgangsstufe oder an einer Sonderschule platziert werden sollte, sondern um die Frage, wie der eigene Unterricht gestaltet sein sollte, damit ein Kind hier erfolgreich lernen und sich sozial zugehörig fühlen kann.

Aus dem breiten Spektrum an Lernvoraussetzungen in Grundschulklassen folgt, dass inklusiver Sachunterricht immer differenziert sein und an die unterschiedlichen Lernerfahrungen anknüpfen sollte, also individualisierend gestaltet sein sollte (Seitz 2004a; 2004b; 2006). Diese Notwendigkeit der Individualisierung sollte aber nicht vereinseitigt werden, so dass in der Umsetzung jedes Kind etwa eine andere Aufgabe allein für sich zu lösen hat. Dies würde die soziale Dimension des Unterrichts unterschlagen (Klafki 1994; Seitz/Scheidt 2012; Stähling/Wenders 2015; Scheidt 2017) und das grundlegend menschliche Bedürfnis nach Austausch und sozialer Zugehörigkeit missachten, dass für motivierendes Lernen zentral ist. Denn die „Herausbildung von Individualität, von personaler Einmaligkeit ist im Bildungsprozess also gerade nicht in der Isolierung der einzelnen von den anderen möglich, sondern in der Kommunikation mit ihnen, in der sie sich als individuell herausbilden, in die sie sich in ihrer Individualität einbringen und sich darin wechselseitig anerkennen“ (Klafki 1996, 26).

Stähling/Wenders (2009) schlagen vor, den Begriff Individualisierung durch den der sozialen Verantwortung zu ersetzen. Damit benennen sie aus der schulischen Praxiserfahrung heraus einen Aspekt, den auch wir für inklusiven Unterricht befürworten, denn dieser lebt von einem beweglichen Ausbalancieren von individuellem und gemeinsamem Lernen und legt besonderes Augenmerk auf das dialogische Lernen. Der Austausch der Verschiedenen ist ein fruchtbarer Ort für Lernprozesse und pädagogisch bedeutsam.

Auch Fetzer (2016) bestätigt für inklusiven Mathematikunterricht die Bedeutsamkeit fachlichen Austauschs mit anderen Kindern. Isoliertes Lernen und „Über-Individualisierung“ führen hingegen zu Vereinzelung und nicht zum produktiven Lernen. Dies gilt auch für den Sachunterricht.

Auch wenn Kinder sich selbst interessensorientiert individuelle vertiefende Aufgaben stellen oder die Lehrperson gezielt individualisierte Aufgaben an einzelne Kinder vergibt, sollten diese daher so konzipiert sein, dass sie nicht zur Isolierung und Ausgrenzung des Kindes führen, sondern so, dass die Kinder hierüber im Austausch mit anderen Kindern bleiben können (vgl. Seitz 2013). Inklusiver Sachunterricht fokussiert dabei nicht didaktische Reduzierungen für einzelne Kinder, sondern fragt zuvorderst nach Interessen und Stärken der Kinder, deren Bearbeitung als inhaltliche Bereicherung des Sachunterrichts wirksam werden kann (Seitz et al. 2016).

Differenzierungen sind dann kein Programm, das allein in den Händen der Lehrperson liegt und einen Unterricht im Gleichschritt ergänzt, sondern ein Grundrinzip des gesamten Unterrichts. Dies kann z. B. über offen gestaltete Aufgaben, Fragestellungen und Aufträge geschehen, die Kinder zum kommunikativen Austausch anregen (Kaiser 2014).

Denn über offene Aufträge und Fragen wird Differenzierung mit in die Hände der Kinder gegeben – vielfach wird in diesem Zusammenhang auch von natürlicher Differenzierung gesprochen, da sie sich aus dem individuell unterschiedlichen Umgang mit einer offenen – oder auch selbstdifferenzierenden – Aufgaben ergibt. Die Vielfalt der Herangehensweisen und Lernstrategien der Kinder führt so zur Bereicherung des Unterrichts und nicht zu didaktischen Reduzierungen, Differenzierung im inklusiven Sachunterricht beruht folglich auf der Leitidee von Bereicherung bzw. Enrichment – und nicht auf der von fremdbestimmter Reduzierung (vgl. Seitz 2017b). Wenn Differenzierung auf diesem Weg zu einem gemeinsamen Lernen führt, kann von inklusivem Sachunterricht gesprochen werden.

Für den Sachunterricht ist der sachbezogene Austausch eine besondere Ressource für produktives Lernen – in der Kommunikation wird dabei die „Sache“ im Unterricht dialogisch verhandelt, dabei modelliert, in ihren vielfältigen Dimensionen entfaltet und geschärft.

Zusammenfassend können wir nun sagen, dass die Gestaltung inklusiven Sachunterrichts drei gedankliche Prinzipien verbindet:

1. **Personalität:** Anerkennung jedes Kindes und didaktische Orientierung am Kind
2. **Sozialität:** Dialogisches Lernen, Mitbestimmung und soziale Zugehörigkeit
3. **Komplexität:** offene und selbstdifferenzierende Aufgaben und Anregungen

Die Zielsetzung, inklusive Grundschulen in der Breite zu entwickeln, kann durch konkrete praktische Hilfen unterstützt werden, damit sie nicht zur Phrase degeneriert. Wir haben uns in diesem Band die Aufgabe gestellt, einen Anfang zu machen und Praxismaterialien für den Sachunterricht anzubieten. Denn zur Entwicklung guten Unterrichts in Schulen reicht es erfahrungsgemäß nicht aus, allgemeine Forderungen zu formulieren, vielmehr müssen die Ideen in der Praxis handhabbar sein und der eigene Anspruch der Lehrerinnen und Lehrer muss auch ausgefüllt werden.

Dabei gehen wir von den entwickelten Leitlinien und Prinzipien inklusiver Pädagogik und Didaktik aus (Seitz 2006; 2017a). Diese empirisch fundierten Leitlinien haben wir in die konkrete Ausgestaltung von Praxismaterialien einfließen lassen.

Wir haben Themen für dieses Buch gewählt, die nicht immer so in den Richtlinien für den Sachunterricht formuliert worden sind, aber exemplarische Elemente von Richtlinienthemen darstellen, so ist die „Klette“ einzuordnen in Pflanzen, das Thema „Sand“ in Boden/Umwelt etc.. Diese Beispielthemen fassen wir nicht als festes Curriculum auf, sondern als Module, die in den jeweiligen Unterricht einer Klasse eingebunden werden können.

Wir haben uns für ein Modulsystem zur Beschreibung der Praxisanregungen entschieden, weil wir davon ausgehen, dass dies dem gegenwärtigen Entwicklungsstand inklusiver Pädagogik am ehesten nahe kommt. Vergleichbar mit dem Aufbau der Internationalen Weltraumstation ISS, bei dem verschiedene durchaus sehr eigenständige einzelne Module nach und nach von verschiedenen Ländern im Weltraum aneinander gedockt werden, werden auch bei unserem Konzept verschiedene didaktische Module vorgestellt und zusammengefügt.

Zu jedem unserer Beispielthemen haben wir uns bemüht, möglichst breit gestreute Unterrichtsanregungen zu entwickeln, damit die für uns als wesentlich erachteten Kategorien inklusiven Sachunterrichts dort eingebunden sind. Wir unterscheiden dabei die folgenden Kategorien, die wir aus den Prinzipien inklusiven Unterrichts sowie dem Konzept kommunikativen Sachunterrichts weiterentwickelt haben.

Diese sind als Dimensionen in unsere Praxisbeispiele eingeflossen:

1. Personalität – Subjektsein im Sachunterricht
2. Emotionalität – Lernen in, mit und aus Emotionen
3. Sozialität – Kommunikation und soziale Einbindung
4. Multiple Sinne und körperbasierte Lernformen
5. Individuelle Stützung und Herausforderung
6. Ungleichzeitigkeit
7. Weite erschließen

Eine Einheit inklusiven Sachunterrichts muss also konkretisiert an einem Gegenstand oder Inhaltsgebiet diesen sieben Kriterien genügen und damit Gemeinsamkeit und Vielfalt konkret entfalten.

Unsere feste Vorannahme ist dabei, dass inklusiver Sachunterricht ein Sachunterricht für alle Kinder ist. Die Verschiedenheit der Kinder ist daher die Grundlage des didaktischen Denkens. Sachunterrichtsthemen werden in der Weise strukturiert, dass unterschiedliche Arbeitsweisen und Formen der Auseinandersetzung mit einem Themenfeld möglich sind und die Kinder sich sachbezogen austauschen.

Vor aller Akzeptanz von Verschiedenheit aber steht der Gedanke, dass alle Schülerinnen und Schüler in Grundschulen zunächst Kinder sind. Neben aller Unterschiedlichkeit gilt es daher, die Gemeinsamkeiten der Kinder zu beachten.

Gemeinsamkeit soll im inklusiven Sachunterricht über gemeinsame Erlebnisse und grundlegende menschliche Erfahrungen geschaffen werden, die einer direkten Einbindung in das Thema unterliegen, sodass die Kinder hierzu in einen sachbezogenen Austausch gehen können.

Hiervon ausgehend entwickeln wir Anregungen für offene Differenzierungen.

Gemeinsamkeit und Vielfalt sind somit eine gedankliche Klammer, die auch in unserer Zeitstrukturierung der Module inklusiven Sachunterrichts deutlich wird. So fangen wir immer mit der gemeinsamen Arbeit an einem Thema im Anfangsritual an, eröffnen dann differenziertes Arbeiten im Buffet-Modell für Gruppen-, Einzel- oder Partnerarbeit sowie begleitetes Lernen einzelner Kinder und führen dies wieder in eine gemeinsame Auswertungsrunde und ein themenspezifisches Abschlussritual zusammen.

Da für guten Unterricht (Meyer 2004) – und damit auch guten Sachunterricht – Methodenvielfalt kennzeichnend ist, haben wir uns außerdem bemüht, ein breites Methodenspektrum für die Praxis inklusiven Sachunterrichts vorzuschlagen, nämlich

- übergreifendes Handeln,
- Erfahrungsgewinn

- subjektiver Ausdruck,
- differenzierte Präsentation (vgl. Kaiser 2000; 2002)

Mit diesem breiten Spektrum an Methoden ist auch die Breite unterrichtlicher Aufgaben repräsentiert, nämlich das Vermitteln von Inhalten, was durch Präsentationsformen vom Vortrag der Lehrperson über das Projizieren von Bildern und Schaubildern bis hin zum Lehrfilm oder der Multimedia-Schau reicht.

Allerdings wird zugleich mit der Methodengruppe subjektiver Ausdruck den Kindern der Weg eröffnet, sich ihrerseits zu den Inhalten zu äußern und diese dabei mit zu gestalten. Das Spektrum diese „Äußerns" reicht von selbst gestalteten Tonfiguren über Fotomontagen bis hin zu schriftlichen Stellungnahmen. Auch der Erfahrungsgewinn birgt in sich eine Vielzahl einzelner Methoden wie Interview, Beobachtung, Versuch oder Experiment.

Das übergreifende Handeln bezieht sich auf den Kontext von Schule und Gesellschaft. Denn wenn Sachunterricht lernwirksam sein soll, muss er auch im realen Umfeld zu Konsequenzen führen. Auch diese Handlungsformen sind vielfältig, von der Bachpatenschaft bis hin zu Aufklärungsplakaten für die Anwohnenden, vom Aufbau einer Erste-Hilfe-Station für den Schulhof bis hin zu einer Schülerfirma, die Regenwürmer für Angler züchtet. In all diesen übergreifenden Handlungsformen muss der Sinn des Lernens für alle Kinder spürbar und nachvollziehbar sein.

2 Dimensionen inklusiven Sachunterrichts

2.1 Anthropologische Grundlagen – Gemeinsamkeit und Einzigartigkeit

Inklusiver Sachunterricht ist Sachunterricht für alle Kinder. Dies klingt zunächst ganz einfach. Jedes Kind soll von diesem Unterricht profitieren und zum Lernen angeregt werden. Das heißt zunächst, dass Sachunterricht für unterschiedliche Lernvoraussetzungen angelegt werden muss. Die Verschiedenheit der Kinder ist daher zentrale Dimension des didaktischen Denkens. Zugleich aber sollten Sachunterrichtsthemen in der Weise strukturiert werden, dass unterschiedliche Arbeitsweisen und Formen der Auseinandersetzung mit einem gemeinsamen Themenfeld möglich sind. Denn vor aller Akzeptanz und Beachtung der Verschiedenheit von Kindern steht der Gedanke, dass alle Schüler/innen zunächst Kinder sind. Neben aller Unterschiedlichkeit des biografischen Gewordenseins gilt es daher, auch die *anthropologischen* Gemeinsamkeiten der Kinderleben zu beachten.

Gemeinsamkeit kann im inklusiven Sachunterricht über gemeinsame Erlebnisse geschaffen werden, die einer direkten Einbindung in das Thema unterliegen und muss nicht unverbunden mit dem Inhalt eingebracht werden. Zunächst wird somit gefragt, was alle Kinder mit einem Themenfeld verbindet.

Um diese Frage zu beantworten, muss man gedanklich einen Schritt zurückgehen und erkennen, dass Kinder über ihre soziale Rolle als Schüler oder Schülerin hinaus zunächst Kinder sind. Diese sind einerseits verschieden, aber andererseits alles junge Menschen. Sie haben als solche ähnliche Dispositionen. Diese Denkweise in anthropologischen Konstanten ist in der neueren Pädagogik bislang noch wenig vertreten. Die Hintergründe dafür sind die folgenden:

1. Aus der deutschen Tradition des Sortierens und Ausgrenzens heraus ist es verständlich, dass jedes Denken in Gemeinsamkeit aller Menschen erst einmal irritierend wirkt. Menschen werden in diesen Vortheorien etikettiert als „klug", „dumm", „sportlich oder unsportlich", „geschickt oder ungeschickt". Der Blick auf das Gemeinsame wird durch die Tendenz zur Etikettierung verbaut.
2. Aus der Perspektive, die Welt nicht fatalistisch hinzunehmen, sondern als gesellschaftlich gemacht zu verstehen, ist im angloamerikanischen Raum und im weiteren Europa seit den 1970er Jahren eine neue Sicht auf Kinder und Kindheit erwachsen. Kinder werden in ihren sozialen Bedingungen gesehen. Dies ist wichtig um soziale und gesellschaftliche Begrenzungen ihrer Entwicklungsmöglichkeiten auszuloten und neue unbekannte Ansprüche zu erkennen.
3. Wir haben uns daran gewöhnt, dass Kinder unterschiedlicher sozialer Herkunft in verschiedenen Schulformen „sortiert" werden. Diese Schulen sind dann

sozial segregiert, d. h. in der Tendenz befinden sich an Schulen mit höheren Bildungsgängen privilegierte Kinder unter anderen privilegierten Kindern und an Haupt- und Sonderschulen unterprivilegierte Kinder unter anderen unterprivilegierten Kindern (Edelstein 2006). Der Blick für das Gemeinsame ist so vielen von uns verloren gegangen.

Kinder sind aber – dies wollen wir hier deutlich betonen – nicht nur von den gesellschaftlichen Umständen beeinflusst, also von ihnen in ihrer Entwicklung angeregt wie auch eingegrenzt, sondern sind auch anthropologisch generell geprägt.

Die Klassiker der Pädagogik haben diesbezüglich verschiedene Einteilungen und Merkmale genannt, um die anthropologischen Gemeinsamkeiten von Kindern zu beschreiben. So betont Maria Montessori, dass Kinder in der Lage sind, ihre Aufmerksamkeit zu polarisieren und sich sehr für bestimmte Inhalte zu interessieren. Diese Fähigkeit bzw. dieser Drang danach, Dinge oder Beobachtungen genau zu fokussieren, ist nicht nur eine Kategorie in Montessoris Werken, sondern lässt sich auch empirisch belegen (Kaiser 2010; 2015) und gilt als anthropologische Konstante.

Aber auch generelle kindliche Grundbedürfnisse, wie wir sie in den Kinderrechten dokumentiert finden, sind hier bedeutsam, etwa das Bedürfnis nach Nahrung, Geborgenheit und Gewaltfreiheit. Auf der Basis der geteilten Grundbedürfnisse und der Ausstattung aller Kinder mit den gleichen Rechten kann der Blick auf die individuellen Bedürfnisse und Einzigartigkeiten jeder Kinderbiografie gerichtet werden. Damit sind wir nahe an der Denkfigur „egalitärer Differenz“ (Prengel 1993). Als Grundlage für pädagogisch-didaktisches Handeln nehmen wir an, dass sich in Grundschulklassen Dimensionen von Gleichheit (Rechte, Grundbedürfnisse) mit den gesellschaftlich bedingten Differenzen und individualbiografischen Besonderheiten treffen und somit jedes Kind eine einzigartige Kinderbiografie und Kinderpersönlichkeit mitbringt, die im Unterricht gesehen werden sollte.

Vor dem Hintergrund dieser Überlegungen halten wir an dieser Stelle fest: **Inklusiver Sachunterricht ist anthropologisch fundierter Sachunterricht für alle Kinder. An erster Stelle wird das menschlich Allgemeine bei allen gesehen. Nur wenn der Sachunterricht Kinder als Menschen – und speziell als junge Menschen – anspricht, kann er bei ihnen auch ankommen.**

2.2 Spezielle Dimensionen inklusiven Sachunterrichts

In einem zweiten Schritt werden die spezifischen Dimensionen eines inklusiven Sachunterrichts herausgearbeitet und auf jeweilige Inhalte des Sachunterrichts transferiert. Dabei werden die genannten Dimensionen für inklusiven Sachunterricht unter der gedanklichen Klammer von Gemeinsamkeit und Vielfalt genauer erläutert.

Nach unserer Einschätzung sind die folgenden Dimensionen die zentralen Kennzeichen inklusiven Sachunterrichts:

1. Personalität – Subjektsein im Sachunterricht
2. Emotionalität – Lernen in, mit und aus Emotionen
3. Sozialität – Kommunikation und soziale Einbindung
4. Multiple Sinne und körperbasierte Lernformen
5. Individuelle Stützung und Herausforderung
6. Ungleichzeitigkeit
7. Weite erschließen

Diese werden im Folgenden jeweils kurz erklärt und begründet.

2.2.1 Personalität – Subjektsein im Sachunterricht

Kennzeichnend für Personalität im Sachunterricht ist die Idee, dass alle Kinder mit gleichen Grundrechten und Grundbedürfnissen ausgestattet sind und ein Recht auf Anerkennung als Person haben. Diese Gemeinsamkeiten aller Kinder zu erkennen, ist die Voraussetzung um das Besondere jedes einzelnen Kindes und seiner unverwechselbaren Persönlichkeit zu entdecken. Jedes Kind mit personaler Anerkennung zu versehen, heißt zunächst, dass jedes Kind uneingeschränkte Daseinsberechtigung in der Lerngruppe hat und dies auch vermittelt bekommt. Hiervon ausgehend können die unterschiedlichen Lebenslagen von Kindern beachtet und reflektiert werden, sie sollten aber nicht vorschnell mit Pauschalisierungen und unflexiblen Erwartungen versehen werden. Spezifisch für inklusiven Sachunterricht ist vielmehr, möglichst erwartungsoffen auf die Einzelpersönlichkeiten zuzugehen.

Dies bedeutet auch, nach den Interessen und Talenten jedes Kindes zu fragen (Seitz et al. 2016). Wir übersehen diese viel zu schnell und denken oftmals, inklusiv zu unterrichten würde bedeuten, den Blick auf die Schwächen und den Unterstützungsbedarf von Kindern zu werfen. Es ist aber für das motivierte Lernen weit wirkungsvoller, wenn Kinder ihre Stärken, ihre Fragen und ihre Interessen in den Unterricht einbringen können.

2.2.2 Emotionalität – Lernen in, mit und aus Emotionen

Lernen ist stets Denken und Fühlen zugleich. Kindern nähern sich Fragen und Themen immer auch affektiv.

Daher ist es unumgänglich, die Emotionen der Kinder im Unterricht wahrzunehmen und zu beachten. Hier ist es zunächst wichtig, ein Klassenklima herzustellen, dass es Kindern ermöglicht, über Befindlichkeiten zu sprechen, ohne dass sie dafür Beschämung befürchten müssen.

Mit Sorge beobachten wir daher die aktuelle Tendenz, in inklusiven Klassen mit verhaltenssteuernden Instrumenten zu arbeiten. Hierzu zählt beispielsweise das Anbringen einer bestimmten Zahl von Wäscheklammern für jedes Kind im Klassenraum, wobei die Lehrperson für jedes störende Verhalten Klammern entfernt. Dies soll für einen möglichst reibungslosen Ablauf des Unterrichts sorgen, führt aber zu klassenöffentlicher Beschämung einzelner Kinder und schürt so ein Klima der Abgrenzung und Konkurrenz untereinander. Die Kinder fühlen die Rechtlosigkeit, die damit verbunden ist und viele können sie benennen und leiden darunter (Staffel 2015). Andere entwickeln ein „Ellenbogendenken" und grenzen die öffentlich als schwach bloß gestellten Kinder aus. Verfahren dieses Zuschnitts missachten so die Gefühle der Kinder und hindern sie daran, die so wichtige Solidarfähigkeit zu entwickeln. Wichtig wäre vielmehr, Kinder aktiv dabei zu unterstützen ihre Gefühle wahrzunehmen und aussprechen zu können und sie darin zu bestärken, sich gegenseitig mit Anerkennung zu versehen und zu stärken.

Auch in der inhaltlichen Dimension des Unterrichts schwingt stets eine emotionale Ebene mit, denn Kinder setzen sich von sich aus stets als ganze Personen mit den Fragen auseinander, die sie beschäftigen. So kann ein scheinbar „neutraler" Fragenkomplex wie die Befassung mit Sand im Unterricht für Kinder hochemotional besetzt sein, weil Sand vielfach mit beeindruckenden Erlebnissen verbunden ist. Und dies sind nicht immer automatisch nur positiv besetzte Urlaubserlebnisse, was uns vielleicht zuerst einfällt, vielmehr kann Sand auch mit Schmutz oder sogar mit mühsamen Fußwegen während einer Flucht vor Kriegsgeschehen in Verbindung stehen. Dies kann eine Lehrperson nicht immer im Voraus genau absehen und daher ist es so wichtig, dass die Kinder dies im Unterricht mitteilen können, weil sie keine Angst vor Beschämung haben müssen, eine vertrauensvolle anerkennende Atmosphäre aufgebaut wurde und die Lehrperson ein offenes Ohr für die Emotionen der Kinder hat.

2.2.3 Sozialität – Kommunikation und soziale Einbindung

Inklusiver Sachunterricht ist kommunikativer Sachunterricht. Der Austausch der Verschiedenen im Sachunterricht ist die wichtigste Ressource, die das Lernen zur „Sache" ertragreich macht.

Denn ein zentrales Moment im Spannungsfeld zwischen Verschiedenheit und Gemeinsamkeit im Sachunterricht ergibt sich aus der Notwendigkeit, verschiedene Deutungen, Erfahrungen und Sichtweisen der Kinder zunächst ernst zu nehmen und ihnen einen zentralen Raum im Unterrichtsprozess einzuräumen und gleichzeitig sich gemeinsam darüber auszutauschen. Diese Grundfigur kommunikativen Sachunterrichts (Kaiser 2008; Seitz 2013; Becher u. a. 2013) gilt es, immer wieder im Sachunterricht zu entfalten, um verschiedene Sichtweisen in das gemeinsame Kommunizieren über die Sache zusammenzuführen. Im inklusiven Sachunterricht ist eine maximale Vielfalt an Zugangsweisen, Perspektiven, Lernvoraussetzungen, kulturellen Erfahrungen, Denkweisen und Gefühlen zur jeweiligen Thematik zu erwarten. Inklusiver Sachunterricht kommt ohne Einbezug aller Kinder durch Kommunikation der verschiedenen Perspektiven nicht weiter. Aber er wird dadurch reichhaltig und intensiv, dass verschiedene Kinder und ihre Erfahrungshorizonte sowie Zugriffsweisen wertvolle Momente in der gemeinsamen Annäherung an das Phänomen oder das Problem der jeweiligen Sachunterrichtsthematik bieten. Es ist daher auch wichtig, in der Kommunikation zur „Sache" den Reichtum an möglichen unterschiedlichen kulturellen Erfahrungen der Kinder (und ihrer Familien) einzubeziehen, aber nicht einzelne kulturalisierend als „fremde" Kulturen herauszustellen oder sogar abzuwerten (Kalpaka/Mecheril 2010; Seitz 2016).

Ein naiver, exotisierender Umgang mit der Multikulturalität ist in inklusiven Grundschulklassen daher fehl am Platz. Die Entwicklung sozialer Kohäsion in der Lerngruppe wird dadurch unterlaufen, und diese stellt das Komplement zur Verschiedenheit her, das über den kommunikativen Austausch unterstützt wird. Und Vielfalt wird hier stets breit und umfassend gedacht.

In Deutschland wird Inklusion oft nur als Einbezug von Kindern thematisiert, denen ein so genannter „sonderpädagogischer Förderbedarf" zugeschrieben wird und die bislang in separaten Sonderschulen beschult wurden. Hiermit verbunden ist dann oft die Erwartung, dass diese Kinder sich hauptsächlich durch Defizite auszeichnen, auf die im Unterricht eingegangen werden muss. Tatsächlich ist die Inklusionsfrage aber universell und bezieht sich schlicht auf alle Kinder. Damit werden alle verschiedenen sozioökonomischen, sprachlichen, ethnischen und kulturellen Herkunftsbedingungen eingeschlossen und nicht ausgeschlossen. Der Sachunterricht soll gezielt für Mädchen und Jungen ausgelegt sein und nicht am stereotyp definierten Interessenshorizont eines Geschlechts enden. Egal welche Fähigkeiten Kinder schon herausgebildet werden, welche Lebens- und Lerngeschichte sie durchlebt haben, wie ihre Dispositionen für das weitere Lernen bislang entwickelt sind, der Sachunterricht soll für alle da sein. Das bedeutet auch, dass soziale Ungleichheit im inklusiven Sachunterricht nicht ignoriert wird, sondern ein wichtiges Thema des inklusiven Sachunterrichts darstellt. Denn Kinder erleben in inklusiven Grundschulklassen ganz direkt, dass sie unterschiedlich privilegiert sind (Pech 2008).

Während also die Ungleichheit der Lebensbedingungen bei Gleichheit der Rechte im Sachunterricht kritisch reflektiert und konstruktiv bearbeitet werden muss, sollte zugleich die Vielfalt der Kulturen, Sprachen und Lebensformen der Kinder und ihrer Familien im inklusiven kommunikativen Sachunterricht als Chance genutzt werden. Denn jede andere Sichtweise und Erfahrung gibt auch wiederum neue Anregungen für die anderen Kinder. Sie muss aber auch in das gemeinsame Unterrichtsgeschehen eingebracht werden, was nicht nur über Worte geschehen kann, sondern auch nonverbal z. B. über ästhetische Ausdrucksformen (Seitz 2004b). Dies erfordert aber aktive pädagogische und didaktische Begleitung, denn: „Vielfalt wird als etwas Produktives verstanden, das ein hohes Anregungspotenzial bildet – und auch aufregende Prozesse mit viel Reibung als Lernchance enthält“ (Hinz 2011, 28).

Dementsprechend muss der Unterricht sehr vielgestaltig sein und individuelle Lernwege ermöglichen (Seitz 2005). Aber dies heißt nicht, dass Unterricht individuell zerfasert ist wie er sich in frühen Utopien programmierten Lernens dargestellt hat (von Cube 1982). Es kommt ebenfalls darauf an, einen gemeinsamen Rahmen für alle Kinder einer Lerngruppe herzustellen.

Individualisierung wird hier nicht formal gesehen. Es geht nicht darum, dass jedes Kind im Sachunterricht andere Aufgaben bekommt, denn dies missachtet die soziale Seite des gemeinsamen Lernens (Stähling/Wenders 2015). Im inklusiven Unterricht muss ein Kind Individualisierung nicht mit sozialer Ausgrenzung „bezahlen“, vielmehr gehen individuelles Lernen und Gemeinsamkeit ineinander auf (Scheidt 2017). Gerade die Verbindung von individuellem Lernen und sozialer Eingebundenheit in offenen Aufträgen ist daher kennzeichnend für das Lernen in inklusiven Settings insgesamt (Seitz 2017a; Scheidt 2017). Denn nicht nur der Glaube einer Lehrperson an das Können eines jeden einzelnen Kindes ist wichtig, sondern gleichzeitig auch der Glaube an die „Kraft der Gruppe“ (Stähling/Wenders 2015, 104). Für den inklusiven Mathematikunterricht heißt dies beispielsweise: „Mathematisches Lernen findet im Zwischenraum und im Zusammenspiel von individuellen Möglichkeiten und sozialem Miteinander statt“ (Fetzer 2016, 8).

Die Inklusionsforschung hat gezeigt, dass ein wertschätzender und produktiver Umgang und die gelingende Kooperation von Lehrpersonen untereinander „abfärben“ auf das kooperative Handeln der Kinder untereinander (Kreie 2009; Stähling/Wenders 2015). Denn nur wenn es im Kollegium gelingt, zu einem wirklichen Team zusammenzuwachsen, können auch die Kinder das Prinzip „Kinder lernen von Kindern“ (Ragaller 2008) produktiv entfalten und es verkommt nicht so schnell zu einem Hilfslehrerprinzip, bei dem lediglich einzelne didaktische Aufgaben von der Lehrperson an die stärkeren Kinder delegiert werden (Huf/Raggl 2015). Deshalb sollte der inklusive Sachunterricht ein besonders Augenmerk auf die sozialen Prozesse zwischen den Kindern legen, denn es ist zentral wichtig, „das Lernen von Kind zu Kind produktiv (zu) nutzen: Schülerinnen und Schüler sollten dabei unterstützt werden, miteinander in Kommunikation und gemeinsames Handeln zu gehen (Seitz 2013, S. 211).

Es ist auch für den Sachunterricht wichtig, dass immer wieder an den jeweiligen Lernvoraussetzungen aller Kinder angesetzt wird. Doch Sachunterricht ist immer auch gemeinsamer Unterricht an der für alle im Fokus der Aufmerksamkeit stehenden jeweiligen Sache. Und im gemeinsamen Sachunterricht für alle Kinder sollen auch die Interaktionen der Kinder untereinander gestärkt werden. Insbesondere der Gedanke, dass Kinder von Kindern lernen und sich dabei inhaltlich und sozial gleichzeitig weiter entwickeln ist ein zentrales Merkmal inklusiven Sachunterrichts. Nur wenn das Lernen im Sinne von Peer Education (Kaiser/Lüschen 2014) ernst genommen wird, kann inklusiver Sachunterricht lebendig werden.

Kindern lernen motiviert, wenn sie sich sozial eingebunden fühlen. Das Gefühl sozialer Zugehörigkeit kann selbstverständlich nicht verordnet werden, aber der Rahmen hierfür kann und sollte im Unterricht gegeben werden. Denn Gemeinsamkeit im Klassenraum und ein akzeptierendes Klassenklima sind keine „Selbstläufer“, sondern erfordern konkrete pädagogische Arbeit.

Wie wir mit Kindern kommunizieren ist hierfür bedeutsam. Eine beziehungsorientierte und wertschätzende Ansprache von Kindern ist wirkungsvoll auch für den sozialen Umgang der Kinder untereinander.

2.2.4 Multiple Sinne und körperbasierte Lernformen

Ästhetische Zugangsweisen im Sachunterricht werden zwar schon mindestens zwei Jahrzehnte gefordert (Kaiser 1995), aber bislang ist gerade in diesem Bereich noch wenig konkrete Entwicklung zu verzeichnen. Prinzipiell bedeuten ästhetische Zugangsweisen, dass subjektive Sichtweisen und Emotionen der Kinder einen zentralen Stellenwert im Unterricht bekommen. Schomaker (2007) fordert, einen breiten Ästhetikbegriff für den Sachunterricht zu verwenden, bei dem es nicht nur um das Einbringen von Kunstwerken als Denkanregung geht, sondern bei dem auch die kinästhetische Wahrnehmung und sinnliche Erfahrungen der Kinder in den Unterricht integriert werden.

Ästhetische und körperbasierte Zugangsweisen sind insgesamt für den Sachunterricht bedeutsam. Spezifisch für inklusiven Sachunterricht ist diesbezüglich, dass dabei der jeweilige Inhalt aus ganz verschiedenen Perspektiven betrachtet wird und dass jedes Kind mit seiner besonderen subjektiven und emotional gefärbten Sichtweise wichtig genommen wird. Darin liegen potentiell Ansätze zur Identitätsentwicklung. Schomaker (2007) und Seitz (2004b) haben empirisch aufgezeigt, dass diese Zugangsweisen ertragreich sind für Kinder im gesamten Spektrum der uns so vertrauten Etikettierungen von „hoher Begabung“ bis „sonderpädagogischer Förderbedarf“ – auch und gerade in kognitiver Hinsicht.

Allerdings gibt es noch längst nicht genug ausgearbeitete Konzepte für ästhetische Zugangsweisen im Sachunterricht. Lediglich auf der Ebene der einzelnen Handlungsmuster zum subjektiven Ausdruck gibt es eine Vielzahl bekannter Methoden wie Pantomime, Standbild, szenische Nachgestaltung, szenische Antizipation, Schattentheater, Puppentheater, Figurentheater, Filme drehen, Hörspiele entwickeln, Rollenspiele, Improvisationen, Problemdarstellung in szenischen Medienritualen (Pro- und Contra-Spiel), Texttheater, Fantasiereisen, Collagen, Zusammenstellung von Fotos oder Bildern, plastisch seine Meinung zum Thema ausdrücken (Tonarbeit), Vertonen von Themen des Sachunterrichts, tänzerisch Inhalte ausdrücken, Freie Texte, Geschichten, Schreibgespräche oder kreative Benennungen von Objekten, imaginative Spiele (vgl. Kaiser 2016, 278).

2.2.5 Individuelle Stützung und Herausforderung

Als die ersten Modellversuche zum Gemeinsamem Lernen in den damals so genannten Integrationsklassen umgesetzt wurden, erhielten diese schnell eine hohe Beliebtheit auch und gerade bei Eltern, die bei ihrem Kind besonders hohe Lernfähigkeiten vermuteten. Dies lag an der hier gewonnenen Erfahrung, dass in dem individualisierten Lernen und dem akzeptierenden Klassenklima dieser Klassen besonders schnelles Lernen einzelner Kinder kein Problem darstellte, sondern Raum für die Entfaltung der Potenziale der Einzelnen entstand. Ungeachtet der erfolgreichen Praxis ist die Dimension der individuellen Herausforderung und der Begabungsentfaltung im Unterricht in den letzten Jahren durch die Reduzierung der Inklusionsdebatte auf Schwierigkeiten im Lernen zu Unrecht gedanklich in den Hintergrund geraten. Erst in jüngsten Versuchen wurde das Konzept des Enrichment (Anreicherung), das aus der Begabungsförderung stammt, gezielt für inklusiven Unterricht erschlossen. Dabei werden vertiefende Angebote des interessegeleiteten und/oder entdeckenden Lernens in einen insgesamt geöffneten Sachunterricht integriert, sodass sie allen Lernenden offenstehen (Seitz et al. 2016, 83 f.; Seitz 2017). Enrichment ermöglicht folglich ein Lernen an den Interessen und Fragen der Kinder, führt aber nicht zur Vereinzelung bestimmter Kinder, sondern unterstützt und stärkt die sachbezogene Kommunikation aller Lernenden untereinander.

Ein interessengeleitetes Lernen im inklusiven Sachunterricht bedeutet auch, die Kinder als didaktisch Handelnde anzuerkennen und Partizipation im Unterricht auch auf der didaktischen Ebene konsequent umzusetzen. Dies geht am einfachsten über offene Aufgabenstellungen, die forschende Zugänge ermöglichen. So bieten beispielsweise die von Kindern eingebrachten Fragen, warum sich Wellensittiche streiten oder ob wir außen oder innen auf der Erde sind (vgl. Seitz et al., 2016, 134) unendliche viele Möglichkeiten zur Bearbeitung auf unterschiedlichen Ebenen und zum Austausch verschiedenster Lernerinnen und Lerner. Zugleich bleiben die Sachzusammenhänge in ihrer Komplexität bewahrt, wenn sie an echten Fragen anknüpfen und werden nicht künstlich in kleine Lernschritte zergliedert. Sehr ertragreich für die kommunikative Auseinandersetzung mit authentischen, offenen Fragen sind die Materialien zum Philosophieren mit Kindern von Kristina Calvert (2004; 2015).

Eine weitere Idee sind Themenkreise, in denen an einem Tisch die Kinder herausfordernde (Forscher-)Fragen und Aufgaben für die gesamte Klasse entwickeln oder ihnen diese vorstellen, so können sich Kinder gegenseitig herausfordern und zum Denken und Forschen anregen. Das interessengeleitete Lernen ist damit ein wichtiges Mittel zur Unterstützung der Kinder beim Entfalten von Begabungen und in der Persönlichkeitsentwicklung – es stellt nämlich zugleich eine wichtige Stärke und Stütze für Kinder in benachteiligten Lebenslagen dar (Lichtblau 2013; 2014).

Stützung und Herausforderung im inklusiven Sachunterricht bedeutet daher, die bearbeiteten Sachzusammenhänge insgesamt stärker entlang der individuellen Fragen und Lebenslagen der Kinder zu entwickeln. So ist es für die Lehrperson viel einfacher, selbst eine forschende Haltung zum Lernen der Kinder und zur Sache zu entwickeln und zu bewahren.

Entgegen einem vielfach zu hörenden Missverständnis bedeutet Inklusion im Sachunterricht somit keinesfalls, auf Leistungsanforderungen zu verzichten. Vielmehr sollen im inklusiven Sachunterricht alle Kinder an den aktuellen Grenzen ihres Könnens herausgefordert werden. Die Lehrperson versieht sie folglich nicht im Voraus mit systematisch erhöhten oder abgesenkten Erwartungen, weil sie eine Etikettierung als „hochbegabt“ oder „lernschwierig“ erhalten haben – denn Zugänge im Sachunterricht lassen sich nicht in dieser Weise klassifizieren – der Blick ist vielmehr erwartungsoffen. Hohe Erwartungen an die Einzelnen können so erfolgreich und bruchlos mit individuellen Hilfen für die Einzelnen verflochten werden.

2.2.6 Ungleichzeitigkeit

Unterschiedliche Geschwindigkeiten im Lernen stellen im praktizierten inklusiven Sachunterricht keine Schwierigkeit dar, sie sind vielmehr Programm. Dem Motto folgend „umgekehrt wird ein Schuh draus“ hat nämlich gerade der Verzicht auf zeitliche „Gleichschaltung“ des Lernens eine sehr befreiende Wirkung für die Lehrperson und für die Kinder. Denn Kinder haben noch nie wirklich im gleichen Tempo gelernt, dies war stets eine Illusion, die viele Kinder mit Langeweile bezahlten. Jahrgangsübergreifende Klassen und inklusives Lernen sind daher Organisationsformen des Unterrichts, die unterschiedliche Lerntempi nicht länger verleugnen, sondern aktiv herausfordern.

So kann sich ein Umgang mit den Verschiedenheiten des Lernens im Sachunterricht entwickeln, der nicht in Form von Abteilungsunterricht zwei oder mehr vorgegebene Lerngeschwindigkeiten vorgibt, sondern über die Kindorientierung die Eigenzeiten der Kinder aktiv aufnimmt, aber zugleich kein Kind aus den zeitlichen Abläufen „herausfallen“ lässt.

Es geht dann weder darum, für die vorab als lernschwach eingeschätzten Kinder eine Verlangsamung noch für einzelne als besonders begabt eingeschätzte Kinder eine Beschleunigung einzuplanen, denn dies würde die Probleme des mehrgliedrigen Schulsystems in inklusiven Klassenzimmern wiederholen. Vielmehr kann die Zeitlichkeit in die Hände der Kinder gegeben werden. Ungleichzeitigkeit als Prinzip nimmt folglich Partizipation im Sinne der Selbst- und Mitbestimmung der Kinder ernst und nimmt den Kindern nicht die Verantwortung für ihr Lernen ab.

2.2.7 Weite erschließen

Inklusivem Unterricht wird oft vorgeworfen, damit erfolge eine Nivellierung des Unterrichts und eine Anpassung des Bildungsstandards an das niedrigste Niveau. Ein derartiges Fehlverständnis geht von einem einlinearen Unterrichtsmodell aus. Tatsächlich aber hat der Sachunterricht in der bildungstheoretischen Tradition immer einen universalen Anspruch. Zur Gründung der Gesellschaft für die Didaktik des Sachunterrichts im Jahre 1992 hat Wolfgang Klafki (Klafki 1992) gerade diesen Aspekt der Bildung im Allgemeinen betont. Er hat auch eine für die Inklussionsdebatte im engeren Sinne wichtige Grundlegung in Anlehnung an das Bildungsverständnis von Comenius für den Sachunterricht formuliert, indem er zukunftsweisend Sachunterricht als „Bildung für alle" definierte.

Diese Rede wurde im folgenden Diskurs in der Fachgesellschaft immer wieder zitiert und in ihrer Bedeutung gewürdigt. Sachunterrichtsinhalte werden nach Klafkis Verständnis als exemplarische Inhalte, welche die fundamentalen Fragen der Gesellschaft betonen, gesehen. Er sieht im Zentrum des Sachunterrichts die epochaltypischen Schlüsselprobleme (Klafki 2008). Sachunterricht ist also nicht eine kindertümelnde Verkleinerung von Fachinhalten, sondern setzt an umfassenden gesellschaftlich relevanten Inhalten an, verbindet dies aber mit den Fragen und Zugangswegen der Kinder hierzu. Inklusiver Sachunterricht in diesem Verständnis ist hoch anspruchsvoll und vielperspektivisch (Köhnlein u. a. 1999). Nicht reduzierte Inhalte, wie sie in manchen Arbeitsblattsammlungen und Sachunterrichtsbüchern vermittelt werden (vgl. Kaiser/Albers 2011) sondern echte Probleme in ihrer Vielgestaltigkeit und Vieldimensionalität sind nach diesem Verständnis der Fokus inklusiven Sachunterrichts. Inklusiver Sachunterricht weicht daher der Komplexität der Sache nicht aus und „zerlegt" die Dinge nicht in kleinschrittige Aufgaben, denn nur so können Kinder die Bedeutsamkeit einer Frage oder eines Problems erkennen (Seitz 2005). Die Vielperspektivität kommt dabei dadurch zustande, dass jedes Kind seine Deutung, sein Verständnis und seine Sichtweise zum gemeinsamen Phänomen bzw. Problem einbringt. Mehrperspektivischer Sachunterricht wird dann inklusiv, wenn jedes Kind auf seinen Wegen zum besseren Verständnis der gemeinsamen Sache für alle Kinder beiträgt.

So kann beispielsweise bei der Thematik Steine ein Team versuchen, die Volumina von Steinen zu messen, indem sie an einer Schnur in ein mit Wasser gefülltes Messgefäß gehalten werden. Andere Kinder erproben die Bruchfestigkeit von Steinen, während eine weitere Gruppe wiederum die Oberfläche verschiedener Steinarten abtastet, denn Sandstein, Basalt, Quarz oder Schiefer lassen sich schon durch bloßes Tasten unterscheiden. Während das eine Kind aus kleinen Steinen ein Mosaik legt und dabei Farb- und Formbesonderheiten erkennt, macht das andere Kind vergrößernde Fotoaufnahmen. Ein Zweierteam recherchiert in Büchern über geologische Formationen und die Entstehungsgeschichte diverser Gesteinsarten, eine andere Partnergruppe versucht, aus verschiedenen Steinen eine Steinskulptur zusammenzustellen. Inklusiv werden die verschiedenen Zugangsweisen dadurch, dass alle differenzierten Zugangsweisen in gemeinsame Gesprächskreise eingebracht und gemeinsam gewürdigt werden (Kaiser 2008). Erst im kommunikativen Prozess wird der vielperspektivische Sachunterricht zum inklusiven Lernereignis. Erst wenn die Sichtweisen und Ergebnisse der Einzelnen eingebracht werden, können sie produktiv andere Kinder anregen und für alle Kinder Bedeutung haben. Im kommunikativ gestalteten inklusiven Sachunterricht entsteht so modellhaft eine Struktur, die der gesellschaftlichen Wirklichkeit entspricht.

Nur so können die komplexen Fragen des Sachunterrichts wie der Welt kooperativ gelöst werden (vgl. Kaiser 2008). Gerade angesichts der Heterogenität der Lernvoraussetzungen von Kindern, sollte inklusiver Sachunterricht diese alle produktiv aufgreifen und nicht auf den kleinsten gemeinsamen Nenner reduzieren (vgl. Kaiser/Seitz 2006). Denn Kinder machen sich mehr Gedanken über ihr Leben und die Welt als wir uns vorstellen können. Inklusiver Sachunterricht als allgemeinbildender Sachunterricht, nimmt die Fragen aller Kinder an die Welt ernst und lässt anspruchsvolle interessante Probleme zu. Auch in der internationalen Lehr-Lernforschung ist diese Denkweise mittlerweile angekommen. So betont Hattie, dass herausfordernde Lernintentionen den Unterricht produktiv entwickeln (Hattie 2013, 290 f.). Als didaktische Konsequenz für den Sachunterricht gilt es festzuhalten: „Die besonderen Stärken, Interessen und Begabungen jedes einzelnen Kindes sind zentrale Ressourcen zur Gestaltung inklusiven Sachunterrichts“ (Seitz 2013, 210).

Von daher ist inklusiver Sachunterricht kein inhaltlich reduzierter Sachunterricht im Sinne alter Konzepte der didaktischen Reduktion, sondern eröffnet die Weite der Allgemeinbildung. Keine Frage der Kinder, kein Interessensgebiet, kein Feld des Weltwissens ist ausgeschlossen. Die bereits für den Sachunterricht weit entwickelten Ansätze des Philosophierens mit Kindern (Pfeiffer 2008; Pfeiffer/Wegehaupt 2010) bieten eine wichtige Grundlage für einen Sachunterricht, der allen Kindern einen weiten Horizont eröffnet. Besonders die von Pfeiffer hervorgehobenen ästhetischen Zugangsweisen beim Philosophieren mit Kindern bieten

Ansätze für einen inklusiven Sachunterricht, der nicht nur verbal-kognitive Ebenen anspricht.

3 Unterrichtsplanung für inklusiven Sachunterricht: inklusiver Sachunterricht ist differenziert, herausfordernd und situativ

In diesem Abschnitt erläutern und begründen wir ein mögliches Planungsvorgehen für die Umsetzung inklusiven Sachunterrichts.

3.1 Inklusiver Sachunterricht ist guter Sachunterricht

In den Fachdiskussionen zu inklusivem Sachunterricht wird gegenwärtig vielfach beklagt, dass es zu wenig Erfahrungen und noch nicht die geeigneten didaktischen Konzepte hierfür gäbe. Diese Einschätzung stimmt nur bedingt. Denn zum einen wird inklusiver Sachunterricht an vielen Grundschulen bereits seit Jahrzehnten erfolgreich praktiziert und es liegen viele Erfahrungen und Konzepte vor, wenn auch oftmals nicht konkret auf den Sachunterricht bezogen. Zum anderen ist inklusiver Sachunterricht vor allem guter Sachunterricht. Und hierüber wissen wir eine ganze Menge.

Oft genannte Kriterien für qualitativ guten Sachunterricht sind:

1. Der Unterricht sollte für alle Kinder angelegt sein und nicht für ein fiktives durchschnittliches Mittelschichtskind.
2. Der Unterricht sollte an den Lernvoraussetzungen der verschiedenen Kinder ansetzen.
3. Und der Unterricht sollte Lernanregungen bieten, die tatsächlich das Lernen jedes einzelnen Kindes voran bringen.

Diese drei Voraussetzungen guten Sachunterrichts sind gleichzeitig zentrale Bedingungen inklusiven Sachunterrichts. Um inklusiven Sachunterricht zu praktizieren, muss folglich nicht „das Rad neu erfunden“ werden, denn guter differenzierter Sachunterricht ist inklusiver Sachunterricht. Aber um sich an diese differenzierte Struktur von Sachunterricht anzunähern, braucht es Überlegungen dazu, was es bedeutet, Sachunterricht für alle Kinder zu planen.

Die Inklusionsdebatte ist dabei wie eine Lupe, die deutlicher erkennen lässt, für welche verschiedenen Kinder der gemeinsame Sachunterricht angelegt sein muss. Dazu sei ein Beispiel vorgestellt:

Das ist Safia, das kürzlich geflüchtete syrische Mädchen, das erst wenig deutsch spricht, von den Kämpfen in ihrer Heimatstadt Aleppo traumatisiert ist, lange Zeit nicht mehr zur Schule gegangen ist, aber damals in Aleppo Klassenbeste war. Das ist Vitalij aus Astana, dessen Familie schon seit einigen Jahren in Deutschland ist, der mittlerweile gut deutsch kann, aber das Russisch seiner frühen Kindheit fast vergessen hat und die meisten Lernaufgaben sehr anstrengend findet. Das ist Hannah, die sich im Rollstuhl fortbewegt, aber sich in der Schule oft unterfordert fühlt, sie möchte mehr wissen und mehr lernen. Das ist Lucia, die sich selten ruhig verhalten kann, sondern immer etwas tun muss und damit andere ablenkt. Eigentlich könnte sie gut lernen, wenn sie sich nur konzentrieren könnte. Da ist Jonas, der sich für Tiere und Pflanzen sehr stark interessiert und viel weiß, aber mit den Buchstaben beim Schreiben immer durcheinander kommt.

Inklusiver Sachunterricht macht Ernst damit, für alle diese verschiedenen Kinderpersönlichkeiten mit ihren jeweiligen Fähigkeiten und Interessen, ihren persönlichen Belastungen und Lernhemmungen, ihren jeweiligen Erfahrungen und ihrem speziellen Vorwissen einen gemeinsamen Unterricht zu planen und kein Kind auszugrenzen. Inklusiver Sachunterricht ist also breit differenzierter Sachunterricht, der die Verschiedenheit der Kinder nicht übersieht, sondern sie zur Grundstruktur der Unterrichtsplanung macht und für die Kommunikation der Kinder untereinander nutzt. Er ist folglich maximal differenzierter Unterricht (Kaiser 2014).

Dies heißt für die Planung zweierlei: eine bloß einlineare Verlaufsstruktur im Sinne von „Einstieg – Hinführung – Erarbeitung – Übung – Festigung – Abschluss" oder „Problempräsentation – Problemstrukturierung – Problemlösung – Auswertung/ Vertiefung" ist dem Anspruch eines inklusiven Unterrichts nicht angemessen. Inklusiver Sachunterricht verlangt, dass verschiedene Lernwege bei demselben Unterrichtsinhalt mit eingeplant werden, er ist deshalb nie linear, sondern **immer flächig**. Im Zentrum steht zunächst die Frage, was alle Kinder mit einem Problem oder einer Frage verbindet und was das fachlich Bedeutungsvolle eines Problems ist (Seitz 2006). Hier ist das Moment des Gemeinsamen verankert. Von hier aus kann in alle Richtungen differenziert werden.

Um die Verschiedenheit der einzelnen Klasse zum konkreten Gegenstand zu eruieren, gilt es, vorab die verschiedenen Fähigkeiten und Lernpotenziale und ihre bisherigen Lernerfahrungen von allen Kindern der Lerngruppe einzubeziehen. Zugleich müssen die Barrieren, die einzelne Kinder im eigenen Unterricht am Lernen hindern, etwa eine zu unklare Unterrichtsorganisation, identifiziert und gezielt abgebaut werden. **Inklusiver Sachunterricht ist für jedes einzelne Kind stets herausfordernd**. Planung für inklusiven Sachunterricht heißt also auch immer, dass die Lernvoraussetzungen aller Kinder für diesen Gegenstandsbereich erhoben werden und darauf bezogen herausfordernde Momente in der Unterrichtsplanung einbezogen werden.

Die Lernvoraussetzungen werden dabei nicht als definierbare Größen, sondern als dynamisch verstanden. Wir halten also genau vorgeplante Lernwege für jedes Kind wie beim programmierten Lernen (von Cube 1982) für eher kontraproduktiv. Wir gehen vielmehr davon aus, „dass Differenzierung im inklusiven Sachunterricht nicht bedeutet, für jedes Kind passgenau und kleinschrittig den individuellen Lernweg vorauszuplanen und festzulegen, denn starre Zuschreibungen dieser Art durch Lehrkräfte können Kinder in ihrer Lernentwicklung ungewollt beeinträchtigen“ (Seitz 2013, 209).

Gerade weil inklusiver Sachunterricht differenziert, individuell herausfordernd und situativ strukturiert sein muss, verbieten sich schematische Verlaufsplanungen mit festgelegten Schritten. Es geht nicht darum, den jeweiligen Sachunterrichtsinhalt rasend schnell durchzudeklinieren, sondern Zeit zu lassen, um auf verschiedene Lernvoraussetzungen, Kinderfragen und Aspekte der Sache einzugehen. Nicht lineare, sondern flächige Vorbereitung wird hier als zentral gesehen und von uns empfohlen.

3.2 Das Phänomen steht im Mittelpunkt der Unterrichtsplanung

Die zentrale Aufgabe inklusiven Sachunterrichts ist es sicherzustellen, dass alle Kinder an einem gemeinsamen Inhalt oder Fragenkomplex lernen und dabei auf verschiedenen Lernwegen voranschreiten können.

Zwar haben auch individuelle Interessen ihren berechtigten Raum und Kinder können ihnen vertiefend nachgehen, doch haben die gemeinsame Annäherung an bedeutungsvolle Probleme und Fragen und die kommunikative Auseinandersetzung der Verschiedenen hierzu einen zentralen Stellenwert im Sachunterricht.

Der gemeinsame inhaltliche Rahmen sollte im inklusiven Sachunterricht daher im Mittelpunkt der Planung stehen. Konkret sollte er so wie er ist, gleich zu Beginn in der Mitte stehen. D.h. wenn das Thema „Regenwurm“ heißt, ist mindestens ein Regenwurm in der Mitte des Sitzkreises für alle Kinder sichtbar. Wenn der Lerninhalt Kinderarbeit ist, sollten beispielsweise echte Arbeitsprodukte von Kinderarbeit und Fotos arbeitender Kinder zu sehen sein. Das jeweilige **Phänomen** muss **am Ausgang** einer Unterrichtseinheit stehen und für alle Kinder erfahrbar sein, um einen gemeinsamen Sachunterricht zu ermöglichen. Beim Lerninhalt Wasser muss Wasser für alle Kinder beobachtbar und spürbar sein. Beim Lerninhalt Weltraum ist es wichtig, dass alle Kinder gemeinsam abends den Sternenhimmel betrachten können.

Nur wenn das Phänomen in seiner Komplexität und Dichte von allen Kindern gesehen, erspürt und erfahren werden kann, lohnt es sich, den Sachunterricht zu beginnen. Am wichtigsten ist es, dass diese Anfangssituation auf volle Aufmerksamkeit aller stößt. Ein gemeinsames Anfangsritual, bei dem das Phänomen im Zentrum steht, ist eine wichtige Ausgangsbasis für inklusiven Sachunterricht.

So wird eine klar sichtbare und durchschaubare Struktur hergestellt, sodass alle Kinder wissen, woran sie sind und was jetzt „dran“ ist. Denn Sachunterricht kann nur inklusiv werden, wenn alle Kinder diesen Inhalt für sich wahrnehmen und für wichtig erachten. Die zentrale erste Aufgabe inklusiven Sachunterrichts ist also, die Thematik konkret erfassbar im Raum sichtbar zu machen – und zwar nicht nur visuell sichtbar, sondern auch sinnlich erfahrbar.Sie kann betastet, gerochen oder akustisch wahrgenommen werden, mit der Lupe oder über den Fokus der Makrokamera betrachtet werden, es können verschiedene Detailfotos aufgenommen werden. Wichtig ist, dass jedes Kind die Gelegenheit hat, sich auf seine Art und nach seinen Möglichkeiten und Interessen dem Phänomen bzw. Problem anzunähern.

Dieser Augenblick der sinnlichen Annäherung an das Phänomen durch die Kinder ist der zentrale Ausgangspunkt für die weitere didaktische Strukturierung der Thematik durch die Lehrperson. Hier kann notiert werden, wie die jeweiligen Kinder an das Phänomen herangehen und wie sie es wahrnehmen. Damit können die ersten Schritte zur genaueren Erhebung der inhaltsspezifischen Lernvoraussetzungen erfolgen. Je mehr Zeit für diese erste Annäherung ans Phänomen in der Unterrichtsplanung gelassen wird, umso intensiver kann sich jedes einzelne Kind damit auseinandersetzen. Gleichzeitig erhöht dies die Chancen der Lehrperson, die Kinder differenzierter und präziser zu beobachten und sich zu vergewissern, in welcher Weise sich dieses oder jenes Kind mit dem Phänomen auseinandersetzt.

Das zentrale Strukturierungsgewicht inklusiven Sachunterrichts geht also nicht von der Form, sondern vom Inhalt aus. Die Sache, d. h. das Phänomen oder Problem, um das es inhaltlich geht, bildet den Magnetpol inklusiven Sachunterrichts.

Dieses Kraftzentrum des Sachunterrichts kann sehr konkret der Mittelpunkt des Kreises sein, in dem auf farblich gut kontrastierendem Untergrund eine Schnecke kriecht, ein Stein gut sichtbar liegt oder eine Streitszene zwischen Kindern durch eine Bildcollage deutlich hervortritt. Um dieses Phänomen oder Problem im Zentrum der Aufmerksamkeit aller gleich zu Beginn des Unterrichts soll es auch im darauf folgenden Sachunterricht gehen. Inklusiver Sachunterricht ist daher darauf angewiesen, dass alle Kinder von diesem Ausgangsthema angesprochen werden und sich im weiteren Unterricht auch damit befassen wollen. Der Inhalt des Sachunterrichts muss fühlbar und erfahrbar in der Lernausgangssituation präsent sein, damit jedes Kind seine eigene gedankliche und emotionale Auseinandersetzung damit beginnen kann. Das Phänomen muss daher deutungsoffen sein und zum Fragen anregen.

3.3 Ausgehen von den Kinderfragen

Der wichtigste Ausgangspunkt inklusiven Sachunterrichts sind die Fragen der Kinder.

Inklusiver Sachunterricht ist stets situativ und kommunikativ gestaltet. Denn da die Kinderpersönlichkeiten einer Lerngruppe aktiv einbezogen werden, kommen immer wieder neue Fragen, Motivationsschwerpunkte oder Erfahrungen in den Fokus eines oder mehrerer Kinder. Situative Anlässe aufzugreifen, heißt aber nicht, dass alles strukturlos läuft. Im Gegenteil: Für inklusiven Sachunterricht brauchen wir eine klar sichtbare und durchschaubare Struktur, damit alle Kinder wissen, woran sie sind und was jetzt „dran" ist.

Wenn das Phänomen in sinnlicher und gedanklicher Auseinandersetzung erfahren wird, beginnt bereits die gedankliche subjektive Auseinandersetzung jedes einzelnen Kindes. Je mehr wir als Lehrperson davon erfahren, umso eher ist es möglich, inklusiv zu unterrichten und alle Kinder mitzunehmen. Jetzt kommt es darauf an, **ihre Fragen zu sammeln**, ihre Deutungen und Ansichten, die sie in den Unterricht einbringen, zu identifizieren. Manche Kinder können dies aufschreiben, andere können zeichnen, wieder andere diktieren oder flüstern, was ihnen am jeweiligen Inhalt wichtig ist. Je klarer in dieser zweiten Phase des Fragensammelns und Ideensuchens die verschiedenen Zugangsweisen der Kinder identifiziert worden sind, umso mehr kann der Unterricht als Unterricht für alle gestaltet werden. In dieser Phase werden auch die Lernvoraussetzungen der Kinder in einem weiteren Schritt ermittelt. Nach Möglichkeit sollte mit jedem Kind darüber gesprochen werden, was sie mit ihren Zeichnungen aussagen wollen, welche Fragen sie zum Phänomen haben. Es kann auch die Anregung gegeben werden, Mind-Maps oder Concept Maps zur Thematik zu erstellen.

Wichtig ist es, dass diese verschiedenen Fragen, Interessen, Meinungen und Deutungen der Kinder sichtbar für alle gesammelt werden, damit sie gewürdigt und nicht vergessen werden.

3.4 Wandzeitung als Strukturierung des Problems und der Fragen erstellen

Zur Dokumentation der Kinderfragen bieten sich mehrere Möglichkeiten an, etwa ein strukturierter Ausstellungstisch mit Fragenschildern, Logbücher, in denen die geplanten Versuche und Ideen festgehalten werden oder Wandzeitungen. Die letzteren stellen sich als eine sehr einfache Möglichkeit dar, den Unterrichtsverlauf zu strukturieren. Mit einer **Wandzeitung**, also z. B. mit einem großen Packpapierbogen oder auch einem großen Whiteboard kann der weitere Verlauf begleitet werden. Diese sollten gut sichtbar und zugänglich für alle Kinder an der Wand befestigt werden.

Auf diesen wird ins Zentrum deutlich mit Foto, Zeichnung, Wort oder durch ein aufgeklebtes bzw. festgepinntes Objekt der Inhalt, also das Phänomen, das jetzt im Mittelpunkt des Sachunterrichts steht, geschrieben, geklebt, gezeichnet oder mit Magneten angebracht.

Die Kinder bekommen nun rechteckige farbige Zettel, auf die sie ihre eigenen Fragen, ihre Gedanken, Vermutungen, Gefühle und Kommentare zur Thematik aufschreiben oder zeichnen oder durch ausgeschnittene und aufgeklebte Bilder ausdrücken. Diese ersten Annäherungen an das Phänomen oder Problem werden gesammelt und schon ein wenig inhaltlich geordnet.

Auf eine Seite der Wandzeitung werden die verschiedenen Fragen der Kinder nach vorheriger Sichtung und Ordnung geklebt. Jede Frage steht dafür, dass dazu auch gearbeitet werden muss und erst wenn das jeweilig fragende Kind eine zufriedenstellende Antwort gefunden hat, kann die Frage mit einem selbst gestalteten **Antwortkärtchen** überklebt werden. So erfahren alle Kinder, welche Fragen noch ungeklärt sind und welche schon eine vorläufige Antwort gefunden haben.

Scheren, Klebstoff, Magnete, Pinnadeln und verschieden farbige Tonpapierbögen zum Ausschneiden und Beschriften von Kärtchen liegen unter bzw. neben der Wandzeitung bereit für Ergänzungen.

Damit alle Kinder den gemeinsamen Lernstand verstehen, sollte bei der Vorbereitung darauf geachtet werden, dass Fragen und Ergebnisse visuell gut zu unterscheiden sind. So können die Fragen und ungelösten Probleme auf quadratische Kärtchen aus Tonpapier geschrieben werden, während die Ergebnisse bzw. das erworbene Wissen auf runden Papieren auf die Wandzeitung geheftet wird.

Bei der Unterrichtsplanung sollte immer genügend Zeit eingeplant werden, damit alle Kinder gemeinsam an der Wandzeitung nachvollziehen können, was der gerade aktuelle Stand der Klasse ist. Bei diesem Schritt können beispielsweise die runden Wissenskarten auf die linke Seite der Wandzeitung geheftet werden und die offenen Fragen auf die rechte Seite.

Erst wenn die zu beantwortenden Fragen fest stehen, also auf der Wandzeitung dokumentiert worden sind, werden Versuche, Erkundungen, Beobachtungen, Erprobungen und/oder Rechercheschritte in Gruppen begonnen.

Für jede Gruppe, die sich einer Frage widmet, wird eine Nadel oder ein Magnet in der Gruppenfarbe auf der Wandzeitung markiert, damit andere Gruppen deutlich sehen, dass diese Frage bereits „in Arbeit" ist. Die Gruppe kann aber auch andere Gruppen fragen, ob sie sich mit dieser Frage ergänzend beschäftigen wollen.

Nach einiger Zeit werden in gemeinsamen Sitzkreisen die Ergebnisse der Gruppen den anderen mitgeteilt. Wenn es sich um Teilantworten oder gar Antworten handelt, werden diese auf runde Karten notiert und über den Fragezettel auf der linken Seite der Wandzeitung fixiert.

Am Schluss der arbeitsteiligen Gruppenarbeit werden die Ergebnisse mitgeteilt und gemeinsam an der Wandzeitung fixiert.

3.5 Planung differenzierten Arbeitens

Die wichtigste Vorbedingung für die weitere Planung ist, dass die Lehrperson sehr genau die Fragen, Gedankensplitter, Skizzen, Bilder, Anmerkungen und weitere Äußerungen der Kinder auf der Wandzeitung anschaut. Dies ist die Basis für die weitere Planung. Nun werden differenzierte Anregungen bereitgestellt, damit die

Kinder in Gruppen und/oder Einzelarbeit zur Thematik vertiefend und weiterführend arbeiten können, um auf ihre Fragen Antworten zu erhalten.

Diese Planung wird einige Zeit in Anspruch nehmen. Zwischenzeitlich kann immer wieder an der Wandzeitung gefeilt werden, ergänzende Fragen notiert werden etc.. Auf einem Tisch oder in einer Ecke des Klassenraums oder auf einer abgegrenzten Fläche im Flur werden alle Arbeitsanregungen und Materialien aufgebaut.

Wenn die Lernumgebung für die differenzierte Auseinandersetzung (vgl. 3.8) zum Phänomen/Problem fertig ist, muss sie für alle Kinder erläutert werden. Dazu eignen sich besonders gut große Handpuppen wie sie in den Peer Education-Projekten zum Übergang vom Kindergarten zur Grundschule eingesetzt wurden (vgl. Kaiser/Lüschen 2014). So gelingt es leichter, alle Kinder mitzunehmen, selbst wenn die Versuche und Handlungsanregungen bereits übersichtlich in einem Logbuch für die Hand der Kinder sichtbar sind. Wichtig ist, dass genau gezeigt wird, welche Materialien für welche Frage an der Wandzeitung gedacht sind, auch diese moderierende Funktion können die Handpuppen übernehmen.

Einleitend für die Phase des differenzierten Arbeitens sollten auch die ersten Gruppenbildungen besprochen werden, damit jedes Kind in die Arbeit eingebunden ist. Im weiteren Verlauf gelingt die Gruppenbildung leichter.

Sobald die differenzierte Arbeit beginnt, sollten die Kinder spüren, dass ihnen Zeit gelassen wird, ihren Fragen zu folgen und verschiedene Versuchsvarianten zu erproben und die einzuschlagenden Wege gründlich gemeinsam zu planen. Wenn ein exemplarisches Sachunterrichtsthema gewählt wird, müssen nicht hunderte kleine Sachunterrichtsthemen umgesetzt werden. Vielmehr kann so der Transfer durch gründliches Arbeiten angebahnt werden, denn die gemeinsame Auseinandersetzung sehr verschiedener Lerner mit einer Frage- oder Problemstellung ist eine wichtige Ressource inklusiven Sachunterrichts (Seitz 2013, 208).

Der Prozess des Arbeitens wird ebenfalls dokumentiert, es können auch Kinder abwechselnd die Rolle der „Fotoreporter“ übernehmen, damit die Kinder später noch über ihren Arbeitsprozess nachdenken und ihn auf der Wandzeitung anschaulich sehen. Auch die Gruppen sollten Teilergebnisse wie Zeichnungen, Skizzen, Zwischenfragen, geschriebene Elfchen und Versuchsskizzen aufbewahren, um den Arbeitsprozess später genauer zu dokumentieren, z. B. im Buch der Klasse zur Sachunterrichtsthematik. Die Wandzeitung erfüllt damit eine ähnliche Funktion wie ein Logbuch, ist aber öffentlich und lädt damit stetig zur kommunikativen Auseinandersetzung über die Inhalte und über das unterschiedliche Lernen ein.

3.6 Schrittfolge der Unterrichtsplanung im Überblick

Die Schrittfolge der Unterrichtsplanung für inklusiven Sachunterricht lautet in Stichworten zusammengefasst:

1. Das Phänomen im Mittelpunkt
2. Gesprächskreis
3. Lernvoraussetzungen genauer herausarbeiten
4. Fragen und Wissen der Kinder auf Themenwandzeitung festhalten
5. Wege des weiteren Vorgehens besprechen und differenzierte Erkundungen / Versuche / Beobachtungen durchführen
6. Ergebnisse auf der Wandzeitung festhalten
7. Gesprächskreis
8. Weitere Handlungsanregungen umsetzen
9. Gesprächskreis
10. Ergebnisse an der Wandzeitung festhalten[1]

Diese Planungsstruktur für Unterricht eignet sich weniger für einzelne Vorführstunden, aber umso mehr für den inklusiven Unterrichtsalltag, in dem viel mehr Zeit für das gemeinsame Miteinanderlernen, das gemeinsame Arbeiten, das Organisieren der gemeinsamen Lernprozesse bereit gestellt werden sollte. Inklusiver Unterricht kann nicht in 45-Minuten-Häppchen sortiert werden, weil es auf die jeweiligen Kinder ankommt und vertieftes Lernen Zeit braucht. Die Kinder sollen in den gemeinsamen Lernprozess eingebunden werden. Dies geht nicht ohne tägliche Organisation und Strukturierung. Dies stellt sicher, dass alle Kinder mitgenommen werden können auf dem Weg zur weiteren Erkundung der jeweiligen Sache. Dieses gemeinsame Zusammenfinden lässt sich über eine Wandzeitung am einfachsten strukturieren. Es sind aber auch elaboriertere Modelle wie Holzpinntafeln, Whiteboards oder andere dreidimensionale Formen denkbar.

Auch elektronische Medien wie ein Smartboard (wenn vorhanden) sind denkbar. Sie wirken natürlich perfekter, laden aber die Kinder gerade deswegen erfahrungsgemäß weniger zum Verändern ein – einfache Materialien machen demgegenüber eher den Eindruck von „work in progress“, genau deswegen sind sie aktivierender und für diesen Arbeitsschritt aus unserer Sicht besser geeignet. Hier wird aus pragmatischen Gründen die am einfachsten zu handhabende Form der Wandzeitung empfohlen.

[1] Vgl. das Unterrichtsplanungsmodell in Kaiser, Astrid (2014): Praxisbuch handelnder Sachunterricht. Band 4. Baltmannsweiler: Schneider Verlag

3.7 Verlaufsplanung

Mit den Arbeitsschritten der Unterrichtsplanung inklusiven Sachunterrichts sind Planungsaufgaben verbunden, die wir in diesem Abschnitt noch einmal in einen Überblick bringen:

Wie oben erläutert ist das Phänomen der am besten geeignete Anlass, um eine fragende und forschende Haltung der Kinder anzuregen. Erste Aufgabe ist daher, dieses Phänomen gut auszuwählen. Es kann aus einem gemeinsamen Klassenerlebnis stammen, aus dem aktuellen Zeitgeschehen und/oder curricular begründet sein, sollte aber konkret und motivierend und zugleich möglichst deutungsoffen sein.

Planungsaufgabe 1: **Das Phänomen/der Inhalt muss für alle Kinder erfassbar mitten im Raum stehen.**

Die zweite Aufgabe inklusiven Sachunterrichts ist es sicherzustellen, dass jedes Kind Zugang zum Inhalt bekommt. Es darf den Gegenstand berühren oder von Nahem betrachten, betasten, riechen, mit der Lupe fokussieren oder fotografieren. In dieser Phase macht sich die Lehrperson genauere Notizen zu den Lernvoraussetzungen und ersten geäußerten Fragen der einzelnen Kinder, um ggf. gezielte Anregungen in die differenzierten Arbeitsphasen einzubringen.

Planungsaufgabe 2 fordert alle Kinder zur ersten Auseinandersetzung auf: **Alle Kinder dürfen sich auf ihre Weise dem Lerngegenstand annähern.**

Die ersten subjektiven Zugänge müssen aber auch für den gemeinsamen Lernprozess gebündelt werden. Denn gegenseitige inhaltliche Anregung braucht auch Struktur. Hier lassen sich verschiedene strukturierte Arbeitshilfen einsetzen wie Logbücher, Wandzeitungen oder Ausstellungsflächen (siehe vorheriger Abschnitt). In dieser Phase ist es wichtig, die verschiedenen Ausdrucksformen (z.B. kleine gemalte Zeichnungen) und die Mehrsprachigkeit in der Klasse als Reichtümer zu nutzen. So kann das Phänomen in verschiedenen Sprachen auf der Wandzeitung benannt werden, auch die Fragen und Ideen der Kinder dürfen selbstverständlich in verschiedenen Erstsprachen dokumentiert werden. Auf diese Weise können sprachliche Parallelen oder Besonderheiten als „Türöffner" für weitere Fragen und Zugänge zum Phänomen wirken und zugleich die Sprachsensitivität der Kinder anregen. Beispielsweise lautet die spanische Übersetzung für Sand „arena" und einige Kinder kennen sicher eine Sportarena – so kann zu weiterführenden Fragen angeregt werden.

Planungsaufgabe 3 nimmt von jedem Kind eine vorstrukturierte Darstellung der ersten Annäherung an: **Alle Kinder äußern auf der Wandzeitung ihre Fragen, Eindrücke und Erfahrungen mit dem Lerngegenstand.**

Wenn jedes Kind einen Beitrag zur Wandzeitung geleistet hat, kann die differenzierte Arbeit zum weiteren Bearbeiten der Fragen eingeleitet werden. Die Ablaufstruktur muss jeweils angepasst werden, denn das eine Thema verlangt viele Versuche, das andere Erkundungsinterviews bei Expert/innen, das dritte intensive Sachbuch- oder Internetrecherche.

Da viele Kinder auch persönliche gute Beziehungen zum Arbeiten brauchen, kann dies nicht allein sachbezogen an der Wandzeitung erfolgen. Ein Gesprächskreis zu Planung der differenzierten Arbeit muss die Aufgabe erfüllen, die Gruppen zu weiteren Erkundungen und Versuchen oder Recherchen zum Lerninhalt zu bilden. Diese Variante der Differenzierung ist nicht an starre individualisierende Vorplanung der Lehrpersonen gebunden, sondern ergibt sich aus den Sachinteressen und Sozialmotivationen der Kinder – so wird die Komplexität des Sachgegenstandes gewahrt. Dabei bedeutet Differenzierung im inklusiven Sachunterricht nicht, für jedes Kind passgenau und kleinschrittig den individuellen Lernweg vorauszuplanen und festzulegen (Seitz 2013, S. 209). Vielmehr ist die flexible Verbindung von Herausforderungen der Sache und Kinderinteressen – allerdings im Rahmen der durch die Wandzeitung vorgegebenen Inhaltsstrukturierung – der Weg inklusiven Sachunterrichts, bei dem alle Kinder mitgenommen werden und die Sache immer breiter entfaltet wird. Um diesen Prozess zu intensivieren, sind moderierende Fähigkeiten der Lehrperson gefragt, die wie erläutert mit großen Handpuppen unterstützt werden können.

Planungsaufgabe 4 leitet die differenzierte Arbeit im Gesprächskreis an: **Jedes Kind findet dabei einen oder mehrere Partner und einen Arbeitsauftrag und weiß, wo die Ergebnisse später dokumentiert werden müssen.**

Auf einem Arbeitstisch stehen alle für die Versuche benötigten Arbeitsmaterialien zur Verfügung. Während der Hauptphase des differenzierten Arbeitens werden zumindest auf Zetteln Notizen zu den Ergebnissen gemacht oder Fotos von Versuchsergebnissen geschossen bzw. Zeichnungen angefertigt, um sie hinterher auf der Wandzeitung festzuhalten. Auch diese Zettel gilt es vorbereitend bereit zu stellen. Die Kinder sollen hinreichend Zeit haben, in der differenzierten Arbeitsphase miteinander zu probieren, Wege auszuhandeln, bei anderen Gruppen zuzuschauen und die eigenen Versuche genau durchzuführen. Die Verschiedenheit der Lernwege in der gemeinsame Auseinandersetzung mit einer Frage- oder Problemstellung ist eine wichtige Ressource inklusiven Sachunterrichts (vgl. Seitz 2013, 208). Damit dies zum Tragen kommen kann, ist es wichtig, die sozialen Prozesse in den Arbeitsteams gut zu beobachten und in Einzelfällen zu moderieren, damit es nicht zu Dominanzverhalten oder zum einseitigen Rückzug einzelner Kinder kommt und damit die Verständigung aller Kinder abgesichert wird. Die Kinder entscheiden dabei, wie die Ergebnisse mitgeteilt werden, wer was macht und wie die Ergebnisse dokumentiert werden.

Planungsaufgabe 5: **Die ausgewählten Fragen und Probleme werden intensiv mit viel Handlungsmaterial unterstützt in Kleingruppen überprüft.**

Im anschließenden Gesprächskreis stellen die Kinder ihre Ergebnisse vor und dokumentieren sie an der Wandzeitung – dabei können die Antwortkarten oder Ergebniskarten über den Fragen befestigt werden. Gleichzeitig werden die weiteren Arbeitsschritte besprochen. Weitere Phasen differenzierten Arbeitens können sich anschließen.

Wichtig für die Partizipation aller Kinder ist, dass sie den Arbeitsprozess und sein Fortschreiten klar auf der Wandzeitung ablesen können wie in einem Logbuch. Zum Abschluss gilt es, die aktive Arbeit aller Kinder zu würdigen und als Teil der Klassenleistung anzuerkennen. Neben der Präsentation von Ergebnissen in der Klasse sollten hierfür regelmäßig Möglichkeiten bestehen, Ergebnisse öffentlich zu machen – über eine Schülerzeitung, eine Ausstellung in der Schule, die auch Eltern zugänglich ist oder auch in an anderen öffentlichen Orten. Dies stärkt den Gruppenzusammenhalt und gibt den Einzelnen Anerkennung.

Planungsaufgabe 6: **Differenziertes Handeln muss wieder in den Gesprächskreis für den gemeinsamen Unterricht eingebracht werden.**

Die Arbeitsschritte verbinden Elemente kommunikativen Sachunterrichts mit denen inklusiver Unterrichtsgestaltung, denn kommunikativer Sachunterricht ist ein wesentlicher Beitrag, um das Lernen inklusiv zu gestalten. Die verschiedenen Sichtweisen, Kenntnisstände, Wissensbestandteile und Kompetenzen werden gemeinsam eingebracht und kommunikativ ausgetauscht. Gleichzeitig ist die Strukturierung förderlich gestaltet, weil Kinder durch Handlungen und Visualisierung in den gemeinsamen Lernfortschritt eingebunden werden.

3.8 Strukturierte Lernumgebung und Logbuch

Die wichtigste Vorbedingung für einen gelungenen Arbeitsprozess ist, dass die Lehrperson sehr genau die Fragen, Gedankensplitter, Skizzen, Bilder, Anmerkungen und weitere Äußerungen der Kinder auf der Wandzeitung anschaut und in Bezug auf ihr eigenes fachliches und fachdidaktisches Wissen hin reflektiert. Auch die eigenen Assoziationen und Fragen der Lehrperson aus ihrer eigenen Lernbiografie heraus sind hier bedeutsam, denn sie speisen die Neugier der Lehrperson. Dies ist die Basis für die weitere Planung. Nun werden differenzierte Anregungen bereitgestellt, damit die Kinder in Gruppen und/oder Einzelarbeit zur Thematik vertiefend und weiterführend arbeiten können, um auf ihre Fragen Antworten zu erhalten.

Auf einem Tisch oder in einer Ecke des Klassenraums bzw. auf einer abgegrenzten Fläche im Flur werden alle Arbeitsanregungen und Materialien aufgebaut.

Neben der Strukturierung durch die Wandzeitung sollte die Planung nicht nur auf der Fragen- und Denkprozessebene visualisiert werden. Vielmehr ist es ebenfalls wichtig, dass alle Kinder sehen können, was im Unterricht folgt. Dazu gibt es immer auch eine klar geordnete Lernumgebung. Eine gute Strukturierung der Lernanregungen hilft allen Kindern, ist aber besonders bedeutsam für Kinder, die in ihrem häuslichen Umfeld oder ihrem bisherigen Lebensverlauf wenig Struktur oder Verlässlichkeit erfahren haben. Deshalb ist es sinnvoll, alle vorbereiteten Materialien und auch diejenigen Materialien, die ad hoc nach bestimmten Fragen neu aufgestellt werden, sichtbar sind. Dazu empfiehlt es sich, einen Tisch in der Arbeitsecke bereit zu stellen, auf dem die nach der Anfangsrunde zusammengestellten Handlungsmaterialien verfügbar sind und möglichst Karteikarten, welche die Arbeitsaufgaben mit Text und Bild klar zeigen. Optimal ist es, diese Karteikarten wiederum als Spiralbindungsheft jedem Kind als Logbuch zur Verfügung zu stellen. So kann jedes Kind wissen, was es noch bearbeiten soll und was es schon bearbeitet hat. Das Logbuch enthält immer eine Kopie der Arbeitskarte und gleichzeitig eine leere Seite oder eine zu ergänzende Seite daneben, auf der jedes Kind seine Ergebnisse eintragen kann.

Das Logbuch lässt sich einfach aus den für jedes Praxisthema in diesem Buch vorgeschlagenen Handlungsanregungen für differenziertes Arbeiten zusammenstellen. Die erforderlichen Materialien sollten als Liste oder gezeichnet auf der oberen Leiste jeder Karteikarte sichtbar gemacht werden. Im Zentrum der Karte stehen die Handlungsanweisung und eine grafische Unterstützung für die Kinder.

Wenn die Lernumgebung für die differenzierte Auseinandersetzung zum Phänomen/Problem fertig ist, muss sie erläutert werden. So gelingt es leichter, alle Kinder mitzunehmen, selbst wenn die Versuche und Handlungsanregungen bereits übersichtlich in einem Logbuch für die Hand der Kinder Seite für Seite sichtbar sind. Wichtig ist, dass genau gezeigt wird, welche Materialien für welche Frage an der Wandzeitung gedacht sind, auch diese moderierende Funktion können die Handpuppen übernehmen.

Einleitend für die Phase des differenzierten Arbeitens sollten auch die ersten Gruppenbildungen besprochen werden, damit jedes Kind in die Arbeit eingebunden ist. Im weiteren Verlauf gelingt die Gruppenbildung leichter.

Sobald die differenzierte Arbeit beginnt, sollten die Kinder spüren, dass ihnen Zeit gelassen wird, ihren Fragen zu folgen und verschiedene Versuchsvarianten zu erproben sowie die einzuschlagenden Wege gründlich gemeinsam zu planen. Wenn ein exemplarisches Sachunterrichtsthema gewählt wird, müssen nicht hunderte kleine Sachunterrichtsthemen umgesetzt werden. Vielmehr kann so der Transfer durch gründliches Arbeiten angebahnt werden.

Der Prozess des Arbeitens wird dabei dokumentiert, es können auch Kinder abwechselnd die Rolle der „Fotoreporter“ übernehmen, damit die Kinder später noch anhand der Fotos über ihren Arbeitsprozess nachdenken können. Auch die Gruppen sollten Teilergebnisse wie z.B. Zeichnungen, Skizzen oder Zwischenfragen aufbewahren, um den Arbeitsprozess später genauer zu dokumentieren, z. B. im Buch der Klasse zur Sachunterrichtsthematik.

3.9 Das Ziel vor Augen

Sachunterricht kann nur dann erfolgreich sein, wenn die Lehrperson klar vor Augen hat, was das gemeinsam getragene fachliche Ziel der Arbeit in der Klasse zu diesem Unterrichtsthema sein sollte. Deshalb ist es elementar wichtig, dass das Ziel, das die Auswahl des Phänomens begründet hat, während der Planung klar formuliert und auch für die Kinder nachvollziehbar gemacht wird. Beim Thema Wasser beispielsweise muss für alle Kinder stets erkennbar sein, dass es nicht um die bloße Beschäftigung mit Wasser geht, sondern immer um ein begründetes Ziel. Wenn das primäre Ziel ist, die Kinder für ökologische Fragen der Wasserverunreinigung und Filtermöglichkeiten zu sensibilisieren, werden andere Schritte nötig sein als wenn das Ziel ist, den Kreislauf des Wassers zu verstehen und Verdunstungsprozesse wie auch das Abregnen von Wolken zu verstehen. Nur wenn die Lehrperson sich immer wieder das eigene Ziel klar macht und bereit ist, es mit den Kindern zu verhandeln, kann sie situativ erkennen, wenn die Kinder im Denken und Handeln sich gerade besonders intensiv dem Ziel annähern oder sich selbst bewusst auf neue Wege begeben.

Es lohnt sich, das Ziel, sobald es als Klassenkonsens entwickelt wurde, schriftlich ausformuliert, an markanter Stelle festzuhalten, sei es als Überschrift für die Wandzeitung, als Kopfzeile im Whiteboard oder als kleines Schild, das die Lehrperson auf ihren Tisch aufbaut. So gibt es stets eine Orientierung und verhindert, dass sich die Lehrperson einseitig an den Kinderfragen und -interessen orientiert und dabei die Problemstruktur aus den Augen verliert.

So wird das Ziel immer wieder von allen gesehen. Wenn es intensiv verfolgt wird, können sich entsprechende Erwartungshaltungen entfalten und kann die Aufmerksamkeit auf Potentiale der Kinder in Richtung auf das Ziel gelenkt werden.

3.10 Inklusiver Sachunterricht bedeutet Situated Learning

Ein klares Ziel vor Augen zu haben bedeutet nicht, die Kinder ohne Umwege dorthin zu „befördern“. Inklusiver Sachunterricht kann nicht in jedem Detail vorher geplant werden. Zuerst gilt es wie beschrieben die Lernvoraussetzungen näher zu erheben. Dazu zählen auch die Interessen der Kinder. Danach muss der Unterricht situativ gestaltet werden. Es gilt, das Vorwissen sowie die Interessen und die Vorerfahrungen der konkreten Kinder einer Klasse zu kennen und in den Unterrichtsverlauf einzubeziehen. Im Verlauf können stets neu aufkommende Fragen aufgegriffen werden, weitere situativ entwickelte Motivationsschwerpunkte eines Kindes oder einer Gruppe beachtet werden, um die stets sich verändernden Erfahrungen und Gedanken verschiedener Kinder in den weiteren Lern- und Denkprozess zu integrieren.

Situative Impulse der Kinder aufzugreifen, bedeutet keinesfalls, dass der Unterricht diffus abläuft. Vielmehr gilt es, einen klar strukturierenden Rahmen zu setzen, damit jedes Kind weiß, wo sich der Unterrichtsverlauf gerade befindet (siehe 3.6). Logbuch oder Wandzeitung helfen, dem Anspruch an gemeinsamem Unterrichtsverlauf bei differenzierter Substruktur gerecht zu werden. Denn für inklusiven Sachunterricht brauchen alle Beteiligten, Lehrpersonen wie Kinder, eine klar sichtbare Struktur, um gemeinsam handlungsfähig zu bleiben.

Inklusiver Sachunterricht bleibt so gestaltet auch für die Lehrperson stets didaktisch herausfordernd und spannend. Denn der stetige gedankliche Abgleich zwischen den Kinderfragen, den eigenen Fragen und den fachlichen Fragen sowie Zielen wird so zu einem lebendigen Prozess, der immer auch Neues und Unerwartetes bereit hält und darauf reagieren kann. Auch für die Lehrperson können sich so im Unterrichten neue Sichtweisen auf die Sache eröffnen und ihre forschende Haltung und fachliche Neugier lebendig halten.

4 Praxisthemen für ein Curriculum eines inklusiven Sachunterrichts

Die folgenden Praxisthemen haben exemplarischen Charakter. Wir wollen an diesen Beispielen erläutern, welche Inhaltsbereiche, also Körperthemen, soziale Inhalte, kleine Dinge und Inhalte zum sich Wundern besonders geeignet sind, inklusiven Sachunterricht für alle Kinder umzusetzen. Die von uns herausgegriffenen Inhaltsschwerpunkte wie Zeit oder Herz lassen sich folglich situationsorientiert auch erweitern. So wäre als Körperthema auch das Thema Bewegung von hoher Relevanz für inklusiven Sachunterricht.

Die Substrukturierung der Themen in die Dimensionen inklusiven Sachunterrichts wurde bei den Handlungsanregungen für differenziertes Lernen nicht explizit hervorgehoben. Aber sie sollte als fiktive Folie über allen Inhalten gesehen werden. Jedes Thema enthält folglich Materialien für die Praxis, welche die Dimensionen Personalität, Emotionalität, Kommunikation, Sozialität, multiple Sinne und Weite erschließen, besonders stark fokussieren.

4.1 Körperthemen

4.1.1 Herz

1 Material

Was brauche ich?

- Modell eines Herzens
- Heulrohr (am besten mehrere)
- Trommel
- Knete oder Modelliermasse
- großes Plakat/Tapetenrolle
- Stifte

2 Anfangsritual

Mit Heulrohren den eigenen Herzschlag abhören und den von anderen Kindern, vor und nach kurzem Hüpfen oder Rennen auf der Stelle.

3 Differenzierungsformen

Es folgen Anregungen, die den für inklusiven Sachunterricht zentralen Dimensionen wie „Subjektsein – Emotionen", körperbasierte Lernformen, Soziales Lernen, Weite erschließen mehr oder weniger stark entsprechen.

4.1.1 D 1 Den eigenen Herzschlag trommeln

Die Kinder sollen ihren eigenen Herzschlag spüren, dies geht auch durch das Auflegen der eigenen Hand und anschließend mit einer Trommel den anderen Kindern vorspielen.

4.1.1 D 2 Spiel: Rote und weiße Blutkörperchen

Bei diesem Imitationsspiel wird das Innere des Körpers in einem größeren Raum veranschaulicht. Die Kinder sind rote Blutkörperchen und weiße Blutkörperchen.

Im Klassenraum oder in der Turnhalle werden Herzkammern aufgebaut bzw. markiert. Die Aufgabe für die Kinder ist es, hin und her zu wechseln.

4.1.1 D 3 Elefant und Maus

Im Internet oder in Büchern herausfinden: Wie oft schlägt das Herz eines erwachsenen Elefanten pro Minute, wie oft das Herz einer Maus? Gibt es hierfür Erklärungen?

4.1.1 D 4 Blätter in Herzform finden

Die Kinder suchen auf dem Schulhof oder einem nahe gelegenen Park nach Blättern in Herzform.

4.1.1 D 5 das große Körperspiel

In der Turnhalle auf dem Boden im Großformat einen liegenden menschlichen Körper andeuten (z. B. vorhandene Linien nutzen, Pylonen, Bänke oder Seile verwenden). Den Blutkreislauf ablaufen. Spiele erfinden mit unterschiedlichen Situationen (z. B. Essen, Matheaufgaben rechnen, Kopfstand machen usw.: was passiert mit dem Blutkreislauf)

4.1.1 D 6 Herzgedanken

Das liegt mir am Herzen? Hat die Seele ein Zuhause? Vorstellungen zum Sitz der Seele im Herzen sammeln und vergleichen mit Vorstellungen, nach denen die Seele an einer anderen Stelle im Körper sitzt.

4.1.1 D 7 Verschenke Dein Herz?

In der Kleingruppe darüber nachdenken: Darf ein Herz weitergegeben werden, an einen anderen Menschen, wenn ein Mensch stirbt? Wandert dann die Seele mit oder nur ein Organ?

4.1.1 D8 Modelle zu Herzen untersuchen oder modellieren

Die Kinder untersuchen das Modell und benennen Teile. Sie bereiten einen kurzen Vortrag dazu vor.

Variante – Modell eines Herzens modellieren: aus Knete oder selbsttrocknender Modelliermasse wird ein Herz geformt: Wie groß sollte es sein? Hat es unterschiedliche Kammern? Wo kommt das Blut hinein und hinaus?

4.1.1 D7 Herz in der Weltgeschichte

Efeublätter in der griechischen Mythologie (am Bacchusstab oder bei Dionysos)?

Das Wort Herz in möglichst viele Sprachen übersetzen.

Sprichwörter und Redensarten verschiedener Kulturen in denen das Herz vorkommt werden gesammelt und erklärt.

4.1.1 D8 Herzenswünsche

Die Kinder schreiben und malen auf ein großes Plakat die eigenen Herzenswünsche.

4.1.1 D9 Lieder mit Herz

Die Kinder sammeln Lieder, in denen vom Herz die Rede ist und singen diese Lieder gemeinsam.

4.1.1 D10 Herzmuscheln

Wir finden an der Nordseeküste viele Herzmuscheln. Sie werden so genannt, weil ihre Form an ein Herz erinnert. Sucht auf dem Bild die Herzmuscheln heraus. Wie viele Herzmuscheln könnt ihr zwischen all den vielen herangeschwemmten Dingen erkennen?

Abb. 4.1.1 D10 Herzmuscheln

4.1.1 D 11 Herz als Symbol

Überall finden wir das Herz als Zeichen, in Poesiealben, bei Verzierungen, auf Briefen, als Bildsymbol im Internet, auf Verpackungen, auf Glückwunschkarten.

Schaut euch diesen Scherenschnitt an! Wie viele Herzen könnt ihr darauf entdecken? Was kann dieser Scherenschnitt bedeuten?

Abb. 4.1.1 D 11 Herz als Symbol

Macht euch auf die Suche in eurer Umgebung und sucht nach Herzen im Alltag. Wenn ihr könnt, dürft ihr sie abzeichnen oder abfotografieren.

4 Zusammenführung

Wichtig ist es, dass die Emotionen der Kinder bei dieser Thematik immer wieder beachtet werden. Es geht um die Frage „Warum spüre ich mein Herz schlagen wenn ich aufgeregt bin"?

Dazu werden kleine Gruppen zum Austausch gebildet. Gemeinsam werden dann die Gefühle vorgetragen. Abschließend wird von allen miteinander der Herzschlag rhythmisch geklatscht.

5 Abschlussritual

Ein großes Herz mit Kreide auf den Schulhof malen und im Klassenraum alle gesammelten Herzsymbole präsentieren

Vorbereitungsliteratur für Lehrerinnen und Lehrer

Freitag, Bärbel/Freitag Hannah Rosa (2017): Blume, Sonne, Herz und Stern: Kleine Schätze zum Selbermachen und Verschenken. Freiburg: Herder Verlag.

Anregungsliteratur für Kinder

Petit, Xavier-Laurent (2014): Mein kleines dummes Herz. Hamburg: Dressler Verlag.

Boyne, John (2014): Der Junge mit dem Herz aus Holz. Frankfurt: Fischer.

Hauff, Wilhelm/Briswalter, Maren (2009): Das kalte Herz. Stuttgart: Urachhaus.

Jeffers, Oliver (2011): Das Herz in der Flasche. Berlin: Aufbau Verlag.

Mikolajetz, Anja (2015): Das Herz des Affen. Hamburg: Aladin Verlag.

Witek, Jo (2016): In meinem kleinen Herzen. Frankfurt: Fischer.

4.1.2 Zähne

1 Material:

Was brauche ich?

- ausreichend sterile Mundschutztücher
- Papiertaschentücher
- Gummihandschuhe
- Vergrößerungsspiegel
- Schafwolle oder Watte
- Kämme, alte Zahnbürsten
- Stoffreste, Waschlappen Nagelbürsten
- mitgebrachte eigene Zahnbürste
- Becher
- Zahnpasta
- Sanduhr mit 3-Minuten-Laufzeit
- Lupe
- Packungen mit diversen Zahncremeproben
- eigene Zahnbürsten
- Gebissmodelle aus Gips
- Zahnfärbetabletten
- Würfelzuckerstückchen
- verschiedene kleine Schachteln oder Döschen zum Aufbewahren von Milchzähnen
- Zweige des Neem-Baumes
- äthiopische Zahnhölzer
- Zahn
- Pappe
- Farben

2 Anfangsritual

Jedes Kind ist ein bestimmter Zahn. Die Kinder stellen sich als Zahnreihe auf. Unbesetzte Rollen werden mit Schildern und Stühlen ersetzt (Kronen/Brücken) oder als 'Zahnlücken' gelassen. Wie viele Zähne hat unsere Klasse als Gebiss? Hierüber darauf kommen: wie viele Zähne hat ein Kindergebiss/ein Erwachsenengebiss?

Kreis teilen in Oberkiefer- und Unterkieferzähne. Überlegen: wie sieht „mein" Zahn aus? Welche Aufgabe hat er?

3 Differenzierungsformen

4.1.2 D 1 „Zahnwechsel – Zeitenwechsel“:

Die Kinder erzählen von ihren Zahnwechselerfahrungen. Sie können dazu auch den ersten verlorenen Zahn und den ersten nachgewachsenen Zahn zeichnen.

4.1.2 D 2 Wurzeln – verwurzelt sein

„Die Zähne zeigen“: Was bedeutet diese Redensart? Fotos von Menschen anschauen, die ‘Zähne zeigen’ und dazu eine Geschichte erfinden.

Redensarten zum Thema Zahn sammeln und vorstellen, Redensarten unterschiedlicher Kulturen sammeln und vergleichen
Beispiele: „der Zahn der Zeit“, „zahnloser Tiger“, „in einem Affenzahn“, „auf dem Zahnfleisch gehen“, „einen Zahn zulegen“

4.1.2 D 3 „Zahnfamilie“

Die Kinder stellen sich in zwei Halbkreisen auf und benennen sich als die unterschiedlichen Zähne im Mund. Es können Schilder verteilt werden. Jedes Kind bekommt mindestens die Rolle eines Zahns. Zusätzlich kann die Zunge und die Lippen als Rolle vergeben werden. Die Kinder spielen in der Rolle eine Geschichte.

4.1.2 D 4 „Zahnklammer“

Die Kinder stellen sich als Zahnreihe auf. Einige sind schief. Es wird mit einem dicken Tau eine ‘Zahnklammer’ um die Zahnreihe gelegt, die die schiefen Zähne gerade rücken soll.

Es wird in Zeitschriften geschaut, wie die Zähne von Fotomodellen aussehen und gefragt warum.

4.1.2 D 5 Zahnmodell machen

Die Kinder schleifen aus Speckstein Zähne. Mit einem Tuch wird angezeigt, welcher Teil des Zahns üblicherweise bedeckt ist und was zu sehen ist.

4.1.2 D 6 Zermahlen

Etwas zermahlen mit dem Mörser

4.1.2 D7 Achtsamkeitsübung

Verwurzelt sein: Achtsamkeitsübung, die Füße/Beine sind die Zahnwurzeln und sind fest verankert, nach oben stabil stehen …

4.1.2 D8 Goldzähne

Goldzähne: Warum haben manche Menschen Goldzähne und mache Zahnlücken? (arm-reich)

4.1.2 D9 Zähne und Gebisse von Tieren

Zähne und Gebisse von Neandertalern (Ernährungsgewohnheiten, Zahnpflege): Seit wann putzen Menschen sich eigentlich die Zähne? Warum haben sie damit begonnen?

4.1.2 D10 Zahnpflege in anderen Ländern:

Zweige des Neem-Baumes in Indien und/oder äthiopische Zahnhölzer werden erprobt.

4.1.2 D11 Ernährung

Wie kann ich mit wenig Geld Gutes essen?

4.1.2 D12 Zahnunfall

Was muss ich mit einem Zahn tun, wenn er bei einem Unfall ausgeschlagen wird? Wie muss ich ihn aufbewahren und zum Zahnarzt oder zur Zahnärztin transportieren, damit er lebendig bleibt? Warum?

4.1.2 D13 Zähne wie ein Zahnarzt/eine Zahnärztin beobachten

In Partnergruppen schauen die Kinder wechselseitig die Zähne an. Dazu muss vorher ein Mundschutz um den Mund des Kindes, das die Zahnärztin/den Zahnarzt spielt, gelegt werden. Mit dem Zahnspiegel und dem Vergrößerungsspiegel werden alle Zähne angeschaut. Anschließend soll das Zahngebiss des Partnerkindes gezeichnet werden. Das untersuchte Kind fühlt mit den Fingern (Gummihandschuh vorher anziehen!), ob die Zeichnung stimmt.

4.1.2 D 14 Zahnputzzeit

Alle Kinder putzen ihre Zähne, einige denken daran, drei Minuten zu putzen, andere schauen auf die Sanduhr. Alle sprechen hinterher darüber, ob sie die Zeit für lang oder kurz eingeschätzt hatten.

4.1.2 D 15 Zähne gründlich reinigen

Ein Kamm wird mit Watte bespannt. Dies soll wie ein Zahngebiss sein, das gereinigt werden soll. Alle Kinder nehmen eine Bürste oder andere Geräte wie Waschlappen, Stoffrest und versuchen, die Watte zwischen den Zinken des Kamms restlos zu entfernen.

4.1.2 D 16 Gipsmodelle mit den eigenen Zähnen vergleichen

Kinder ziehen sich Gummihandschuhe an und schauen sich ein vorhandenes Gipsmodell an. Dann tasten sie an den eigenen Zähnen, ob ihr Gebiss so ist wie das Modell und versuchen herauszufinden, worin sich das eigene Gebiss vom Modell aus Gips unterscheidet.

4.1.2 D 17 Zahnwechselkalender

Ein Team recherchiert in der Klasse, wie viele Zähne bei den einzelnen Kindern schon bleibende Zähne sind, wie viele Wackelzähne, wie viele Zahnlücken (evtl. auch wie viele Milchzähne). Sie dokumentieren ihre Recherche in einer Tabelle und berichten darüber, nach 2–3 Wochen kann der aktuelle Stand überprüft werden.

4.1.2 D 18 Zahnarztpraxis in Tibet

Schaut euch das Bild der Zahnarztpraxis in Tibet an! Worin unterscheidet sich diese von denen, die ihr kennt?

Abb. 4.1.2 D 18 Zahnarztpraxis in Tibet

4.1.2 D 19 Zähne in Masken und Figuren

Schaut euch das Bild von der bolivianischen Maske an! Die Zähne sind in solchen Masken oft sehr genau zu sehen. Könnt ihr euch denken, warum? Versucht, solch eine Maske selbst zu zeichnen oder aus Pappe herzustellen!

Abb. 4.1.2 D 19 Zähne in Masken und Figuren

4.1.2 D20 Zähne der Naga-Schlange

Dies ist eine vergoldete Holzfigur von mehreren Naga-Schlangen aus Laos. Diese Figuren sollen Gedanken und Vorstellungen der Menschen beschützen. Man sieht bei den meisten Darstellungen die Zähne der Naga-Schlangen sehr deutlich. Stellt euch vor, die Naga-Schlange könnte auch bei euch etwas beschützen! Was soll die Naga-Schlange mit den scharfen Zähnen bei euch beschützen?

Abb. 4.1.2 D20 Zähne der Naga-Schlange

4 Zusammenführung: Eine Wandzeitung der Zahnwechselerfahrungen und der weiteren Erfahrungen zu Zähnen in anderen Kulturen wird gemeinsam erstellt.

5 Abschlussritual: Parade der Masken mit Zähnen über den Schulhof

Vorbereitungsliteratur für Lehrerinnen und Lehrer

Kaiser, Astrid (2016): Auf den Zahn gefühlt. In: Kaiser, Astrid: Praxisbuch handelnder Sachunterricht. 9. Aufl. Baltmannsweiler: Schneider Verlag, S. 240–250.

Anregungsliteratur für Kinder

Boie, Kirsten (2000): Zum Glück hat Lena die Zahnspange vergessen. Hamburg: Oetinger.

Lindgren, Astrid (2016; 1956): Immer lustig in Bullerbü Kapitel 5: Ole hat einen losen Zahn. Hamburg: Oetinger.

Schutten, Jan Paul; Rieder, Floor (2016): Der Mensch. Hildesheim: Gerstenberg.

Spathelf, Bärbel; Szesny, Susanne (2008): Die Zahnputzfee oder die Zahnputzfee erklärt, wie die Zähne gesund bleiben. Haan: Albarello.

4.1.3 Kleidung

1 Material

Was brauche ich?

- Eine große Kiste gefüllt mit verschiedenen Kleidungsstücken, die sich zum Verkleiden eignen
- eine Schachtel mit verschiedenen Stoffproben (Nylon, Viscose, Lycra, Wolle, Fleece, echtes Fell, synthetisches Fell, Tüll, Seide, Cordstoff, Baumwolle, Leinen, Leder)
- blickdichte Tücher zum Verbinden der Augen
- ein Sack mit Kleidungsstoffresten und Kleidungsresten zum Zerschneiden oder Zerreißen
- Triangel oder anderes akustisches Signal
- Tonpapier
- Schere
- Stifte
- Maschendraht
- Drahtschere
- Kiste voll mit verschiedenen Stoffstreifen
- Knöpfe
- Druckknöpfe

- Haken und Ösen
- Nadel und Faden, Garnrollen
- Klettband
- stabile Stoffstreifen
- blickdichte Tücher in der Anzahl der Kinder der Klasse
- Musikplayer mit Lautsprecher
- Eine Schachtel mit Fäden, die jeweils 3 Meter lang sind. Die Fäden sollten aus verschiedenen Materialien bestehen, Wolle, Baumwolle, Synthetikfasern, Seide, Leinen, Sisal, Bambusfaser …
- Ausgedruckte Bilder aus dem Internet von Kleidung in verschiedenen Kulturen
- Buch: Märchen von Hans-Christian Andersen
- Kinderbuch von Insa Mörking über den roten Knopf
- Helles einfarbiges Tuch
- Dose mit vielen verschiedenen gesammelten Knöpfen
- Ausgedruckte Weltkarte mit eingezeichneten Ländergrenzen
- Farbige Stifte
- T-Shirt
- Gemüse und Gewürze zum Färben von Stoffen (Rote Beete, Kurkuma …)
- Vorbereitete Karten mit Abbildungen verschiedener Kleidungsstücke von Sportlerinnen und Sportlern wie Badeanzug, Fußballshirt und -hose, Reithose und Reiterkappe, Jogginganzug, Fechtanzug, Boxershirt und -hemd, Ringeranzug, Taucheranzug, Rudersportkleidung …
- Vorbereitete Karten mit Abbildungen verschiedener Kleidungsstücke wie Fellmantel, Ritterrüstung, Sommershirts und kurze Hosen, Sonnenschirm, Kleidung eines Kaufmanns im 17. Jahrhundert, Frauenkleidung aus der gleichen Epoche, Piratenkleidung im 17. Jahrhundert, Tropenanzug mit Tropenhelm etc.
- Kataloge mit Kinderkleidung
- Klebstoff
- Farbige DIN-A-4-Blätter
- Tacker mit Heftklammern
- Polsterstoffmusterprobemappe
- alte Kleidung aus Leinen
- akustisches Signal wie Handtrommel
- Klangschale oder Triangel
- Spiralbindegerät
- Spiralen

2 Anfangsritual: Meine Lieblingskleidung

Jedes Kind darf ein neues Stück aus der Verkleidungskiste herausnehmen und abwechselnd auf dem Laufsteg vorführen. Die anderen Kinder applaudieren jeder Präsentation und dürfen anschließend einen Namen für diese Kreation aussuchen. Das Kind, das die neue Kreation vorgeführt hat, darf sagen, ob es den Namensvorschlag annimmt oder nicht.

Im Anschluss an die Gesprächsrunde zum Phänomen Kleidung werden Erfahrungen und Wissensbestandteile ausgetauscht. Dabei auftretende Fragen werden notiert und anschließend auf der linken Seite der Wandzeitung zum Thema Kleidung festgehalten. Die rechte Seite ist für Bilder und Informationen vorbehalten, die im Laufe der Arbeit an der Thematik Kartoffel gesammelt werden.

3 Differenzierungsformen

Es folgen Anregungen, die den für inklusiven Sachunterricht zentralen Dimensionen wie „Subjektsein – Emotionen“, körperbasierte Lernformen, Soziales Lernen, Weite erschließen mehr oder weniger stark entsprechen.

Die Materialien zum Thema Kleidung liegen auf einem längeren Tisch als Buffet bereit. Die Kinder dürfen sich in Partnergruppen etwas aussuchen, das sie zuerst erproben wollen

4.1.5 D 1 Zerreißprobe

Jede Gruppe darf sich ein großes Stoffstück oder ein altes kaputtes Kleidungsstück aus dem Sack nehmen. Die Kinder zeigen sich gegenseitig die ausgewählten Stoffe und wetten, welcher Stoff am leichtesten zu zerreißen ist. Dann wird auf ein akustisches Signal (Händeklatschen, Handtrommel, Glocke, Triangel o. a.) hin gleichzeitig versucht, den jeweiligen Stoff mit den Händen in zwei Stücke zu reißen. Die Gruppe, der dies zuerst gelingt, ruft laut: „fertig!“. Anschließend wird gemeinsam besprochen, warum welche Stoffe eher reißen und welche mehr reißfest sind.

4.1.5 D 2 Kleider machen Leute

Es werden Karten aus Tonpapier ausgeschnitten. Jedes Kind kann sich eine Figur, Person, Rolle oder berühmte Persönlichkeit ausdenken und auf die Karte schreiben. Die Karten werden in einem Gefäß oder einfach auf dem Tisch gemischt. Jedes Kind zieht eine Karte und muss aus der Verkleidungskiste Kleidungsstücke heraussuchen, die der auf der Karte genannten Person entsprechen, also wie ein Rockstar, wie eine Königin, wie eine Hexe oder wie ein Fußballspieler auszusehen. Wieder wird ein Laufsteg in der Kreismitte aufgebaut, jedes Kind führt die neue erfundene Kleidungskreation vor und die anderen müssen raten, was wohl auf der Karte stand. Wer es richtig geraten hat, darf in der nächsten Runde noch einmal eine Karte ziehen und sich verkleiden.

4.1.5 D3 Weben im Großformat

Mit einer Drahtschere werden größere Maschendrahtflächen ausgeschnitten. Die untere Seite wird möglichst vorbereitend zu einem Ständer gefaltet. Jede Gruppe kann eine Maschendrahtwebwand mit Stoffstreifen durchziehen, so dass eine Wand zum Weben entsteht.

Alternativ können Astgabeln oder Fahrradspeichen als Webrahmen benutzt werden. Einfach quer zur Astgabel einige dünnere Wollfäden als Struktur spannen, dann kann in Wuchsrichtung der Äste großflächig gewebt werden.

Im Winter können mit dieser Technik auch aus kahlen Bäumen des Schulhofes schnell große Kunstwerke werden.

4.1.5 D4 Kleidung schließen

Auf dem Arbeitstisch stehen verschiedene Verschlussmittel für Textilien wie Knöpfe, Druckknöpfe, Klettband, Haken und Ösen sowie Nadeln und Garnrollen mit einzelnen bereits abgeschnittenen Fäden. Jede Gruppe bekommt zwei auseinander geschnittene Stoffstücke und soll versuchen, sie wieder zusammenzufügen.

4.1.5 D5 Verbindungsband

Viele längliche Stoffstreifen werden mit Knoten aneinander befestigt. Dabei muss ein Kind, das schon geknotete Ende halten, während zwei den neuen Stoffstreifen an den bisherigen anknoten. Dieses Knotenband kann dann entweder als Dekoration im Klassenraum befestigt werden. Oder es wird als Festhaltband für gemeinsame Unterrichtsgänge benutzt.

4.1.5 D6 Kleidung spüren

Alle Kinder stehen in der Kreismitte. Alle schauen, was die anderen für Kleidung heute tragen. Dann werden allen die Augen mit blickdichten Tüchern verbunden. Zu Musik bewegen sich alle im Raum. Wenn die Lehrperson die Musik stoppt, müssen alle stehen bleiben und mit den Armen tasten, ob sie ein anderes Kind am Fühlen der Kleidung erkennen können. Sobald die Musik wieder einsetzt, gehen alle wieder in der Klassenraummitte herum und versuchen beim Aufhören der Musik stehend herauszufinden, welche Kleidungsstücke von welchem Kind sie gerade in diesem Augenblick mit den Händen ertasten können.

4.1.5 D7 Umgarnt

Die Kinder bilden Paare und suchen sich aus der Fadenkiste einen Faden aus. Den legen sie um beide Kinder auf Taillenhöhe herum. Ein drittes Kind knotet den

Faden sorgfältig zu. Nun dürfen beide Kinder sich schrittweise etwas oneinander entfernen, bis der Faden, der um sie beide gelegt wurde stark ausgedehnt ist. Beide versuchen, die Dehnung des Fadens noch zu verstärken, ohne dabei den Faden zum Zerreißen zu bringen.

4.1.5 D8 Kleider anderer Kulturen

Die Kinder suchen sich von den Bildern aus, aus welchem Land sie die Kleidung nachmachen wollen. Es darf aber nicht verraten werden, welches Bild sich das Kind ausgesucht hat. Aus dem Sack mit den Stoffresten und den Fäden werden Stücke gesucht, mit denen man am besten die Kleidungsweise auf dem ausgesuchten Bild nachmachen kann. Das Partnerkind soll raten, welches Bild sich das erste Kind ausgesucht hat. Danach werden die Rollen getauscht, das Ratekind sucht sich ein Bild aus und versucht, die Kleidung dieses Bildes mit Stoffresten und durch Handzeichen nachzustellen.

4.1.5 D9 „In" und „out"

Die Kinder dürfen in Gruppen freie Rollenspiele[2] zum Thema Mode führen. Die Gruppen werden nach Wunsch der Kinder zusammengesetzt. Dadurch entstehen zumeist reine Jungengruppen und reine Mädchengruppen. Der Impuls lautet: „Laura und Mia (Jonas und Ben) streiten sich, welche Anziehsachen 'in' sind und welche sie nicht tragen würden. Andere Kinder mischen sich in ihren Streit ein."

4.1.5 D10 Modebuch der Klasse

Aus Katalogen werden Bekleidungsbeispiele, welche die Kinder mögen und welche die Kinder der Gruppe überhaupt nicht mögen, ausgeschnitten. Auf die Vorderseiten der farbigen Blätter werden die Kleidungsstücke aufgeklebt, die ein Kind mag, auf die Rückseite, die das Kind nicht tragen mag. Es kann auch dazu ein Wort oder einen Satz oder einen Spruch schreiben. Die zweiseitig beklebten Blätter werden gesammelt und am Schluss zu einem Modebuch der Klasse zusammengeheftet.

4.1.5 D11 Des Kaisers neue Kleider

Das Märchen „Des Kaisers neue Kleider" aus dem Märchenbuch von H. C. Andersen wird vorgelesen. Anschließend spielen erst drei Kinder den Kaiser und zeigen gestisch, wie ihre neuen Kleider über den Kleidern, die sie tragen, aussehen. Die anderen dürfen raten, wie sich diese drei Kinder die neuen Kleider vorgestellt

[2] Hierzu gibt es bei Weide 2012 sehr gute Beispiele, Maria Weide hat derartige Rollenspiele verwendet, um die Modevorstellungen von Kindern im Grundschulalter zu erheben

haben. Dann dürfen alle durch den Raum gehen und mit Arm- und Handbewegungen zeigen, wie die neuen Überkleider aussehen.

4.1.5 D 12 Knopfgeschichten

Die Dose mit den verschiedenen Knöpfen steht in der Mitte des Sitzkreises und wird über einem Tuch ausgeschüttet. Die Kinder dürfen sich einen Knopf aussuchen und ihn in die Hand nehmen. Das Buch „Der rote Knopf“ wird vorgelesen. Nun darf jedes Kind etwas vorführen oder erzählen, was der eigene ausgesuchte Knopf erlebt hat. Man kann eine Geschichte erfinden und erzählen oder den Knopf unter die Tische rollen lassen oder in die Luft werfen oder …

4.1.5 D 13 Weltreise eines T-Shirts

Die ausgedruckte Weltkarte wird angeschaut. Deutschland, das Land, in dem das fertige T-Shirt getragen wird, wird mit der Farbe des T-Shirts angemalt. Dann wird im Internet recherchiert, in welchem Land Baumwolle wächst, in welchem Land Baumwolle bearbeitet wird, in welchem Land Baumwollstoff gewebt wird, in welchem Land Baumwollstoff gefärbt wird, in welchem Land T-Shirts genäht werden, in welchem Land die zerschlissenen T-Shirts wieder geschreddert werden.

4.1.5 D 14 Bewegen in verschiedenen Sportarten

Jedes Kind der Gruppe zieht verdeckt eine Karte eines bestimmten Sportkostüms und soll sie wie der Sportler oder die Sportlerin dieser Sportart bewegen. Die anderen sollen raten, welches Sportkostüm auf der gezogenen Karte abgebildet war.

4.1.5 D 15 Gehen in vorgestellter Kleidung

Jedes Kind der Gruppe zieht verdeckt eine Karte einer bestimmten Kleidung zu bestimmtem Wetter oder in einem bestimmten Kulturkreis. Dann soll es gehen wie ein Ritter in seiner Rüstung oder wie eine Rokkoko-Dame oder wie ein reicher Kaufmann im 17. Jahrhundert. Die anderen Kinder der Gruppe schauen auf die Karte und machen die Bewegung nach und skandieren: „Wir gehen wie ein Prinz vor 200 Jahren“ oder „Wir gehen wie Kolumbus auf dem Schiff“.

4.1.5 D16 Geschichten zum braunen Gürtel, dem weißen Kragen oder dem gelben Ärmel

Lest das Buch vom roten Knopf durch! Sucht gemeinsam ein Stück von eurer Kleidung aus, das auch solche Abenteuer erleben darf wie der rote Knopf! Ihr könnt euch eine Naht, einen Reißverschluss, einen Gürtel, einen Ärmel oder einen

Kragen aussuchen. Wenn ihr euch auf ein Stück von der Kleidung geeinigt habt, dürft ihr dazu Abenteuergeschichten erfinden und euch gegenseitig erzählen.

4.1.5 D 17 Den Körper durch Kleidung verändern

Mit Kleidung kann man den Körper verändern, man kann ihn schmal oder dick, körperbetont oder breit präsentieren. Nehmt Stoffstücke und versucht, den eigenen Körper zu verändern. Schaut euch dazu das Bild an. Dieses Kostüm wurde nach dem Muster des japanischen Designers Miyake entworfen, der wollte, dass Frauenkörper durch Kleidung nicht mehr wie eine Frau aussehen.

Was habt ihr dazu für Ideen?

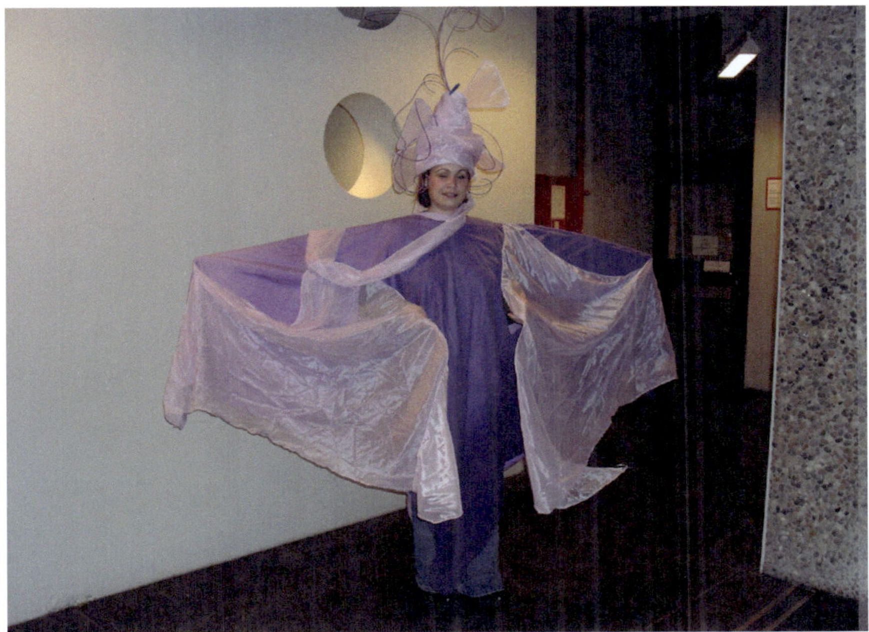

Abb. 4.1.5 D 17 Den Körper durch Kleidung verändern

4.1.5 D 18 Kleidung in anderen Ländern

Schaut euch die Bilder von Kleidung in anderen Ländern an! Was könnt ihr über das Wetter und die Sitten in diesen Ländern herausfinden? Worin bestehen die Unterschiede der Kleidung in den verschiedenen Ländern? In welchem Land werden Farben besonders geschätzt? Welcher Schmuck gefällt dir am besten? In welchem Land ist die Kleidung am einfachsten? In welchem Land müssen die Menschen vorsichtig gehen? Welche Kleidung findest du am vornehmsten?

Welche Kleidung sieht besonders festlich aus? Welche findest Du besonders praktisch? Welche ist Dir sehr fremd?

Abb. 4.1.5 D18 Kleidung in anderen Ländern: Traditionelle Kleidung in Vanuatu

Abb. 4.1.5 D18 Kleidung in anderen Ländern: Kleidung in Turkmenistan

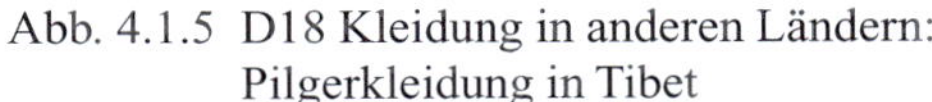

Abb. 4.1.5 D18 Kleidung in anderen Ländern: Pilgerkleidung in Tibet

Abb. 4.1.5 D18 Kleidung in anderen Ländern: Festkleidung Bhutan

Abb. 4.1.5 D18 Kleidung in anderen Ländern: Festkleidung in Benin

Abb. 4.1.5 D18 Kleidung in anderen Ländern: Traditionelle Kleidung der Embera in Panama

4 Gemeinsames Zusammenführen

Gemeinsam werden die Erfahrungen der Kinder ausgetauscht. Dabei wird immer wieder an der Wandzeitung notiert, was die Kinder schon geschafft haben, welche Ergebnisse sie gemeinsam herausgefunden haben und welche Fragen noch nicht beantwortet worden sind.

Bei der Thematik Kleidung ist es durchaus angebracht, immer wieder nach den einzelnen Herausforderungen eine zusammenfassende Besprechung zu ermöglichen.

Dazu werden die Produkte der Gruppenarbeit wie die zusammengefügten Stoffstücke, die Ergebnisse der Zerreißprobe oder das Verbindungsband jeder Gruppe in die Kreismitte gelegt. Gemeinsam wird an der Wandzeitung geschaut, welche Fragen schon beantwortet worden sind und welche noch offen geblieben sind.

An der Wandzeitung wird geschaut, welche Fragen zur Thematik Kleidung mittlerweile beantwortet wurden und welche noch ausstehen. Gemeinsam wird überlegt, ob es noch möglich sein könnte, diese noch offenen Fragen zu beantworten. Außerdem wird überlegt, welche Informationen und Abbildungen jetzt auf der rechten Seite der Wandzeitung ergänzt werden können.

Gemeinsam wird überlegt, welche Fäden am besten geeignet waren, bei der Aufgabe „umgarnt“ (D7) nicht zu reißen und doch eine möglichst große Ausdehnung zu ermöglichen.

5 Abschlussritual zum Thema: Ich ganz anders

Für das Abschlussritual werden zuerst die Webwände um die Klassenmitte aufgestellt.

In einer Verkleidungskiste liegen viele Textilien, Stoffe, fertige Kleidungsstücke, Kostümteile, Kostüme, Hüte, Mützen, Schuhe, Stiefel, Dekorteile wie Federboas, Federn, Schnallen, Gürtel, Halsreifen, Schals, Schleifen, Fliegen, Krawatten, Kragen, Stulpen etc. Alle Kinder dürfen sich etwas auswählen und anziehen, wer es nicht allein schafft, darf sagen oder zeigen, wer dabei helfen darf. Gemeinsam gehen alle zur begleitenden Musik in die Mitte und präsentieren sich mit der neuen Verkleidung. Jedes Kind darf auf eine Kiste steigen oder wird dabei unterstützt, um sich auf diesem „Podest“ besonders auffällig zu präsentieren. Die anderen warten, bis das Kind auf dem Podest das Gefühl hat, sich genug mit seiner Verkleidung präsentiert zu haben. Es darf auch Kinder als Sprecher auswählen, welche die Verkleidung dem Publikum erklären oder schmackhaft zu machen versuchen.

Nach der Einzelvorstellung gibt es eine Gesprächsrunde, welche Verkleidungen das passendste Paar bilden. Die vorgeschlagenen Paare stellen sich gemeinsam auf den Podest.

In einer zweiten Runde überlegen die Kinder, welche zwei Verkleidungen das lustigste Paar bilden. Auch diese vorgeschlagenen Paare stellen sich gemeinsam auf den Podest.

Von jeder Präsentation werden drei Fotos geschossen. Hinterher darf jedes Kind das Foto der Einzelpräsentationen auswählen, das in das Fotobuch der Klasse aufgenommen wird.

Vorbereitungsliteratur für Lehrerinnen und Lehrer

Eine Welt. Unterrichtsanregungen für die Grundschule und Sekundarstufe I, Heft 2/2014, Nr. 135 http://www.weltinderschule.uni-bremen.de/pdf/Heft2_14.pdf

Brünjes, Wolfgang: Jacke wie Hose. In: Eine Welt in der Schule. http://www.weltinderschule.uni-bremen.de/kleidung1.htm Kaiser, Astrid (2014): Praxisbuch handelnder Sachunterricht Band 4. Baltmannsweiler: Schneider Verlag, S. 83–94 (Kleidung)

Kaiser, Astrid (2012): Praxisbuch handelnder Sachunterricht Band 1. 13. Aufl. Baltmannsweiler: Schneider Verlag, S. 180–190 (Textile Versuche) Philipps, Carolin (2014): Made in Vietnam. Wien: Überrreuter Verlag.

Ritter, Ute: Jeans, Jeans, Jeans. In: Eine Welt in der Schule. http://www.weltinderschule.uni-bremen.de/kleidung2.htm

Weide, Maria (2012): „Mode ist doch nicht so wichtig.!?“ Vorstellungen von GrundschülerInnen zu Mode, Bekleidung und dem modischen Wandel. Oldenburg: DIZ Verlag.

https://www.farfetch.com/de/shopping/women/pleats-please-by-issey-miyake/items.aspx

Anregungsliteratur für Kinder

Andersen, Hans-Christian/Tharlet, Eve (2011): Des Kaisers neue Kleider. Zürich: NordSüd Verlag.

Beskow, Elsa/Plattner, Diethild (2016): Pelles Neue Kleider. Stuttgart: Urachhaus.

Fauque, Claude (2000): Woher kommt die Kleidung? München: Ars Edition.

Mörking, Insa (2013): Der rote Knopf. Oldenburg: Isensee Verlag.

Paxmann, Christine (2015): Mode. Was uns anzieht. WAS IST WAS Sachbuch Bd. 132. Nürnberg: Tessloff Verlag.

Rowland-Warne, Leslie/McAulay, Liz/ Hartkamp, Christina (2009): Kleidung & Mode: Von der Toga bis zur Mode der Punks. Hildesheim: Gerstenberg Verlag.

4.2 Ich-Du-Wir-Themen

4.2.1 Zeit

1 Material

- alte Uhren
- Metallkugeln
- Kerzen
- Nadeln
- Streichhölzer
- Kinderbuch Ente, Tod und Tulpe
- Altes Mobiltelefon
- Papier, Birkenrinde, Schere
- Videorecorder
- Tagebuch mit leeren Seiten
- Stab für Sonnenuhrbau
- Globus

2 Anfangsritual

Eine Minute Kurzmeditation im Kreis. Nach einer Minute ertönt ein Gong. Gespräche über subjektives Zeitempfinden

3 Differenzierungsformen

Es folgen Anregungen, die den für inklusiven Sachunterricht zentralen Dimensionen wie „Subjektsein – Emotionen", körperbasierte Lernformen, Soziales Lernen, Weite erschließen mehr oder weniger stark entsprechen.

4.2.1 D 1 Redensarten

Zu jedem Einstieg eine Redensart, die mit Zeit zusammenhängt vorlesen, gemeinsam erklären und besprechen. Beispiele:

„Gut Ding braucht Weile",
„Alle Zeit der Welt haben",
„auf Zeit spielen",
„das Rad der Zeit",
der „Zeitgeist",
„die Zeit heilt alle Wunden",
„Ach Du liebe Zeit",
„der Zeit voraus sein",
„Mahlzeit!",
„… zu meiner Zeit …" usw.

4.2.1 D2 „Meine Geschichte“

Die Kinder bringen Gegenstände aus ihrer frühen Kindheit, ihrer Kleinkindzeit mit (Babyschuhe, Spieluhr …). Es wird am Boden ein langes Tuch ausgelegt (Lebensweg). An dem Tuch entlang werden die Gegenstände verteilt. Jedes Kind darf den eigenen Lebensweg entlanggehen.

4.2.1 D3 „Was ich in dieser Woche und in diesem Jahr gelernt habe“

Für jedes Kind wird etwas gesucht, was es in der vergangenen Woche gelernt hat.

4.2.1 D4 Videodokumentationen

Im Unterricht können Videoaufnahmen erstellt werden, in denen sich die Kinder einzeln selber vorstellen. Die Aufnahmen können zu einem späteren Zeitpunkt mit den eigenen Erinnerungen verglichen werden und so der individuelle Wandel reflektiert werden. Sie können aber auch zusammengetragen und in der Klasse z. B. bezüglich Veränderungen der Rolle innerhalb der Gruppe reflektiert werden.

4.2.1 D5 Zeit bei Goethe

„Und Schlag auf Schlag! Werd’ ich zum Augenblicke sagen:
Verweile doch! du bist so schön!“ (Johann Wolfgang von Goethe, Faust I)

Wann hatte ich schon mal das Gefühl, die Zeit anhalten zu wollen?

4.2.1 D6 Klassentagebuch

Im Klassentagebuch werden kleine und große gemeinsame Erlebnisse in der Klasse dokumentiert.

4.2.1 D7 „Klatschkreis“

Die Kinder stehen im Kreis, ein Klatschen wandert im Kreis, dabei Tempo halten – Tempo steigern (zeitliche Ordnungen wahrnehmen und gestalten, zum ‘passenden Zeitpunkt’ reagieren, damit spielen)

4.2.1 D8 Birkenrindenschiffchen

Eine Hand wird in ein fließendes Gewässer gehalten. Wie fühlt sich das an? Die Kinder lassen kleine Blätter und Äste davonschwimmen, noch besser sind selbst gebaute Birkenrindenschiffchen. Wann wird das Schiffchen im nächsten Ort/an der nächsten Brücke etc. ankommen? Was wird es dort erleben? Die Kinder können die Zeitdauer schätzen und dann messen, in einem zweiten Schritt können

Geschichten dazu erfunden werden, wo die Schiffchen wann landen und was sie dort erleben.

4.2.1 D 9 Mein Atem

Auf dem Rücken liegend konzentrieren sich die Kinder auf Körperrhythmen (Atmung, Herzschlag). Das Nachfühlen des Herzschlags mit der Hand bei sich selbst oder gegenseitig kann unterstützend wirken. Zur akustischen Verstärkung können Heulschläuche eingesetzt werden (ein Ende auf die Brust in Herznähe, eines am Ohr gehalten). Diese Übung kann weitergeführt werden zu einer Umsetzung eigener Rhythmen in Bewegung (mit der Hand auf den Boden klopfend bzw. im Gehen).

4.2.1 D 10 'Augenblicke einfangen'

Alle Kinder bewegen sich im Raum. Dabei wird zunächst bei einer direkten Begegnung ein kurzer direkter Blick getauscht (ein 'Augenblick'). Anschließend sollen in der Begegnung mit den anderen möglichst viele 'Augenblicke' in möglichst kurzer Zeit 'gefangen' werden. Mit einem akustischen Signal wird die Übung gestoppt und die Kinder blicken abschließend von dem aktuellen Platz im Raum aus zu allen anderen Kindern, ehe sie in den Kreis zurückkehren.

4.2.1 D 11 „Stille Rhythmuspost"

Im Kreis oder in einer Schlange hintereinander sitzend wird ein Rhythmus (nicht zu laut) auf den Rücken der jeweils vorderen Person geklopft und weitergeben. Am Ende der Kette wird der gefundene Rhythmus mit der 'Startvariante' abgeglichen.

4.2.1 D 12 Bewegung im Lauf der Lebenszeit

Die Kinder liegen im Raum verteilt am Boden. Während die Lehrerin die Kinder durch den Ablauf der motorischen Entwicklung 'spricht', vollziehen die Kinder dies aktiv nach: Vom Liegen, Heben des Kopfes zum Drehen des Körpers und weiter über das Krabbeln zum Laufen. Dabei sollen individuelle Besonderheiten (etwa Bewegungseinschränkungen) nicht tabuisiert werden.

4.2.1 D 13 „Wie lang ist 1 Minute?"

1 Minute ruhig liegen/sitzen, 1 Minute hüpfen, 1 Minute Alltagshandlung wiederholen (evtl. dabei vorher schätzen wie oft), 1 Minute zusammen singen ... empfundene Zeitspannen reflektieren

4.2.1 D 14 Ist Angeln langweilig?

Angler befragen, warum ihnen beim Angeln nicht langweilig wird, wenn möglich Leute befragen die einen scheinbar langweiligen weil gleichförmigen Beruf haben (Leuchtturmwärter, Schäfer ...). Wie erleben sie die Zeit?

4.2.1 D 15 Kinderliteratur zum Thema Tod, z. B. Ente, Tod und Tulpe

Das Kinderbuch von Wolf Erlbruch wird zuerst vorgelesen und gemeinsam besprochen. Dann wird es als Texttheater vorgestellt, jedes Kind bekommt dazu einen Satz. Die Lehrperson dirigiert, welcher der Sätze des Buches in welchem Augenblick ausgesprochen wird.

4.2.1 D 16 Verständigung früher und heute

Wie verständigen sich die Menschen im Lauf der Zeit und in Zukunft: ein frühes Mobiltelefon da haben, Pfeifsprache der kanarischen Inseln, mit einer anderen Klasse skypen usw.

4.2.1 D 17 „Wäsche aufhängen“

Eine Alltagshandlung wie das Aufhängen von Wäsche allein oder in der Gruppe pantomimisch durchführen, alle Handgriffe genau nachgestalten. Was muss ich zuerst machen, was danach? (Handlungsplanung/-durchführung)

4.2.1 D 18„Was stimmt nicht?“

Ratespiel, ein Kind stellt eine Alltagshandlung pantomimisch dar, lässt dabei aber einen Aspekt weg oder macht einen logischen Fehler. Die anderen sollen den Fehler finden

4.2.1 D 19 Wie viele Jahre sind vergangen?

Auf dem Foto ist ein Panzer aus einem vergangenen Krieg, dem Pazifikkrieg, zu sehen. Dieser verrostende Panzer steht auf der Insel Pelileu im Inselstaat Palau im Pazifischen Ozean. Wie viele Jahre sind wohl seit dem Krieg vergangen?

4.2.1 D 20 Sonnenuhr

Schaut euch die Sonnenuhr auf diesem Gebäude in Nürnberg an! Könnt ihr eine Sonnenuhr nachbauen? Warum hat eine Sonnenuhr nicht 24 Stunden?

Abb. 4.2.1 D 19 Wie viele Jahre sind vergangen?

Abb. 4.2.1 D 20 Sonnenuhr

4.2.1 D21 Mayakalender

Schaut euch die Säule auf dem Bild an! Für die Maya war das ein Kalender. Könnt ihr mehr darüber herausfinden? Was könnten wohl die einzelnen Steinzeichen bedeuten?

Abb. 4.2.1 D21 Mayakalender

Abb. 4.2.1 D22 Zeit zum Fliegen

4.2.1 D22 Zeit zum Fliegen

Dieses Schild steht auf einem kleinen Flughafen. Könnt Ihr euch vorstellen, von wo es 3 Stunden zum Nordpol, 5 Stunden nach Rom, 4 Stunden nach Frankfurt, 5 Stunden nach Moskau, 10 Stunden nach Tokio dauert?

Nehmt einen Globus zur Hilfe!

4.2.1 D23 Ewiges Eis

Schaut euch das Bild vom ewigen Eis in Grönland an! Die Luftblasen im Eis sind schon mehr als Millionen Jahre dort eingeschlossen. Stellt euch vor, wie lange Zeit das ist, bis eine Million Jahre vergangen sind. Versucht mal, nur 10 Minuten ganz leise und still zu sitzen!

Abb. 4.2.1 D23 Ewiges Eis

4.2.1 D24 astronomische Uhr

Diese astronomische Uhr kann man in Lübeck in der Marienkirche sehen. Welche Informationen bietet diese Uhr?

Abb. 4.2.1 D 24 Astronomische Uhr

4.2.1 D25 Riesenschildkröte

Schildkröten werden sehr alt und werden in einigen Ländern als Zeichen für Unsterblichkeit oder langes Leben genommen. Diese Riesenschildkröte aus Galapagos ist über 100 Jahre alt. Schaut euch ihr Gesicht an! Was könnte sie schon alles erlebt haben? Was könnte sie denken?

Abb. 4.2.1 D25 Riesenschildkröte

4.2.1 D26 Zeitgefühl

Forscher berichten oft über ein anderes Zeitgefühl in indigenen Kulturen. Dazu gibt es im Buch „Indianer" im Sachunterricht eine Übung zum anderen Zeitgefühl (Kaiser 2013, 84).

„Versucht einmal, längere Zeit auf dem Boden zu sitzen und nichts Besonderes zu tun, sondern einfach nur miteinander zu überlegen, wie ihr eine Matheaufgabe lösen könnt. Lasst euch Zeit, bis die Aufgabe wirklich von allen verstanden und wirklich gelöst ist" (Kaiser 2013, 84).

Auch der im Buch abgedruckte Mythos von der Erfindung des Feuers (Kaiser 2013, 82) bieten Anregung, über ein anderes Zeitverständnis und Zeitgefühl nachzudenken. Dazu kann das Texttheater (Kaiser 2013, 83) aufgeführt werden.

4 Zusammenfassung

Die Wandzeitung zum Thema „Zeit“ wird gemeinsam betrachtet. Welche Fragen sind geklärt? Was haben wir Neues gelernt? Wie kann es weiter gehen?

5 Abschlussritual

Gemeinsam werden noch einmal die Bewegungen im Laufe des eigenen Lebens auf dem Schulhof gespielt.

Vorbereitungsliteratur für Lehrerinnen und Lehrer

Kaiser, Astrid (2016): Zeitfragen. In: Kaiser, Astrid: Praxisbuch handelnder Sachunterricht. 9. Aufl. Baltmannsweiler: Schneider Verlag, S. 251–259.

Kaiser, A. (2013): „Indianer“ im Sachunterricht. Baltmannsweiler: Schneider Verlag.

Seitz, Simone (2004): Wie fühlt sich die Zeit an? Ästhetische Zugangsweisen zum Phänomen Zeit. In: widerstreit-sachunterricht, Online-Magazin, Ausgabe Nr. 3. Verfügbar unter: http://www.widerstreit-sachunterricht.de. [Letzer Zugriff: 5.5.2017].

Seitz, S. (2005): Zeit für inklusiven Sachunterricht. Baltmannsweiler: Schneider Verlag.

Anregungsliteratur für Kinder

Damm, Antje (2012): Kiki. Carl Hanser Verlag.

Damm, Antje (2007): Alle Zeit der Welt. Frankfurt/Main: Moritz Verlag.

Erlbruch, Wolfgang (2010): Ente Tod und Tulpe. München: Kunstmann Verlag.

Ende, Michael: Momo. Stuttgart: Thienemann Verlag.

Goes, Kiefer (2016): Die Zeitreise. Vom Urknall bis heute. Weinheim: Beltz & Gelberg.

Haberstock, Meike (2015): Anton hat Zeit – aber keine Ahnung warum. Hamburg: Oetinger Verlag.

Kang, Seong-Eun (2008): Bleibt die Zeit auch manchmal stehen? Frankfurt/Main: Fischer Schatzinsel Verlag.

Scharratt, Nick/Tucker, Stephen (2001): Tom und die Zeit. Berlin: Buchverlag Junge Welt.

4.2.2 Geld

1 Material

Was brauche ich?

- Kinderbücher zur Thematik Geld / Einkaufen
- Sammlung von echten Münzen aus verschiedenen Ländern sowie von Plastikchips, Spielgeld
- Tisch
- Fotokarton für Plakate
- Münzen
- Digitalkamera
- aktuell benutzte Münzen aus dem Umlauf
- Petrischalen oder Untertassen
- Watte
- Wasserkanne
- Gefäß zum Anrühren der Geliermasse
- Agar Agar oder anderes Geliermittel (z. B. Gelatine) als Nährboden
- 20 Eurocentmünzen pro Kind der Klasse
- kleine Stofftüte
- Papier
- Schere
- Bleistifte
- Bleistiftanspitzer
- kleiner Plastikteller, Fingerfarbe, kleine weiße Papierbögen
- flache, gleich lange Holzplatten
- quaderförmige gleich große Holzklötze
- glattes Papier
- Reißzwecken
- Stifte
- Je ein schöner Papierzettel für das Geldwort jedes Kindes
- schöne Schachtel zum Sammeln von Münzen, Dekorationsmaterial wie Stoff, Wolle, Glitzerfäden und Klebstoff zum Verzieren der Schachtel
- Bücher zum Warentransport und Handel
- Eine Tafel Schokolade mit aufgeklebtem Preisschild
- Papierbogen, Stifte
- DIN A4-Seiten

- Klebstoff
- Druckerpapier
- Tacker mit Klammern
- Geldscheine aus anderen Ländern
- Münzsammelalbum
- Goldwaage
- Spiralbindegerät
- Spiralen

2 Anfangsritual

In der Mitte des Sitzkreises liegen vielfältige Münzen aus verschiedenen Ländern. Die Kinder sitzen in zwei konzentrischen Kreisen um den Münzhaufen. Die Kinder des inneren Kreises dürfen reihum etwas zu dem Geldhaufen sagen oder etwas mit den Münzen machen. Jede Äußerung und Handlung wird von einem dahinter sitzenden Kind aus dem äußeren Kreis notiert. Z. B. *Jonas streichelt über die goldene Münze. Anna wirft den Plastikchip in die Luft. Mona will wissen, wie viel Geld das zusammen ist. Fabian will wissen, ob man sich davon ein Auto kaufen kann.* Wenn alle Kinder im inneren Kreis dran waren, wird die Sitzordnung gewechselt, wer innen war, sitzt jetzt außen und umgekehrt. Nun notieren die Kinder alle Äußerungen der Kinder aus dem neuen Innenkreis.

Gemeinsam wird überlegt, was mit dem Geldhaufen gemacht wird. Soll er in einem Glas für alle sichtbar in der Klasse aufbewahrt werden? Oder soll er von der Lehrperson sicher im Schrank verschlossen werden? Soll er verteilt werden?

Bei diesem Gespräch werden Fragen oder Lösungsansätze genannt werden, die auf der Wandzeitung zum Thema Geld gleich festgehalten werden. Währenddessen dürfen die anderen Kinder schon mal in Büchern stöbern und nach Antworten suchen.

Tauschmarkt (gemeinsame Aktion)

In der Schule wird ein großer Tauschmarkt organisiert, die Klasse macht Plakate. Alle Kinder werden aufgefordert, Dinge, die eigentlich wertvoll sind, aber von ihnen nicht mehr gebraucht werden, für den großen Tauschmarkt der Klasse mitzubringen. Am Tag des Tauschmarkts ziehen Kinder Lose, wer an einem Stand Platz nehmen kann und seine Dinge dort sitzend anbieten kann. Diese Kinder dürfen sich mit Angeboten an zu Ständen umgebauten Tischen auf dem Schulhof mit ihren angebotenen Waren aufstellen, andere kommen mit zu tauschenden Objekten vorbei und schauen, wo sie etwas eintauschen wollen.

3 Differenzierungsformen

Es folgen Anregungen, die den für inklusiven Sachunterricht zentralen Dimensionen wie „Subjektsein – Emotionen“, körperbasierte Lernformen, Soziales Lernen, Weite erschließen mehr oder weniger stark entsprechen.

4.2.2 D1 Geldreihen

Die Kinder sollen in Gruppen das Münzgeld vom Haufen sortieren, sie können sich selbst überlegen, welchen Maßstab sie anlegen, ob sie nach dem Geldwert aufsteigend oder absteigend ordnen, ob sie nach Schönheit oder der Größe oder dem Gewicht der Münzstücke die Reihenfolge der Münzstücke legen. Jede Gruppe entscheidet sich, nach welchem Kriterium sie die Rangfolge legt und macht am Schluss ein Digitalfoto, damit im Abschlusskreis die verschiedenen Reihungsvariationen verglichen werden können.

4.2.2 D2 Geldstückkunststücke

Die Kinder sollen in Gruppen überlegen, welche Kunststücke sie mit Geldstücken der Klasse vorführen wollen. Jede Gruppe darf bis zu drei Kunststücke im Abschlusskreis vorführen. Das kann vom Balancieren eines Geldstücks auf dem Nasenrücken bis hin zum Tragen eines Münzturmes auf dem Kopf reichen. Jede Gruppe entscheidet selbst über den Schwierigkeitsgrad des eigenen Kunststückes und welche Kinder bei der Aufführung die Akteure sein werden.

4.2.2 D3 Geldkeime züchten

In Untertassen oder Petrischalen wird Watte gelegt und darüber die mit Wasser angerührte Geliermasse gegossen. Die Kinder dürfen sich Geldstücke aussuchen, die getestet werden sollen, ob dort Bakterien saßen. Mit sanftem Druck werden diese Geldstücke auf die Watte gelegt und nach einer kurzen Weile wieder hochgenommen. Auf ein kleines Schild daneben wird geschrieben, welche Münze hier auf die Watte gedrückt worden war und wie viele Sekunden der Kontakt gedauert hat.

4.2.2 D4 Geldwerte

Jedes Kind bekommt 20 Cent Spielgeld. Die Spielregel lautet: Geld behalten oder gegen etwas eintauschen? Jedes Kind kann zum Vermehren der Spielgeldsumme anderen etwas anbieten, z. B. ein Bild zu malen oder Lieder zu singen anbieten oder Kunststücke aufzuführen und die anderen aus der Klasse verlocken, dies mit je einem Cent zu belohnen. Die Kinder können dabei kalkulieren, was ihnen wichtiger ist, das echte Spielgeld zu behalten oder für eine Dienstleistung auszugeben. Wer mehr Geld haben will, muss sich schon bemühen, etwas Attraktives anzubieten.

4.2.2 D5 Münzwerte veranschaulichen

Es werden Münzen bis zum Münzwert von 20 in eine kleine Stofftüte gelegt. Ein Kind darf eine Münze ziehen und sie herumzeigen, nun müssen sich genau so viele Kinder wie die Münze auf ihrer Wertseite anzeigt in die Arme schließen. Beim akustischen Signal gehen alle wieder auseinander und ein anderes Kind zieht erneut eine Münze, nach der die anderen Kinder der Klasse sich gruppieren müssen.

4.2.2 D6 Papiermünzen abdrucken

Dünnes weißes Papier wird über echte Münzen gelegt und etwas gespannt, dann wird mit der Bleistiftspitze flach liegend über das Papier gerieben, bis sich die Zahlen und Zeichen der Münze auf dem Papier abzeichnen. Anschließend kann die papierne Kopie der Münze ausgeschnitten werden.

4.2.2 D7 Münzvorderseiten

Die verschiedenen Münzen werden in der Kreismitte ausgeschüttet und so gelegt, dass die Vorderseite (Avers) sichtbar ist. Jede Gruppe sucht sich eine Münzvorderseite aus darf ihr einen Namen geben.

4.2.2 D8 Münzränder

Jede Münze hat am Rand eine geriffelte oder ornamentale oder beschriftete Struktur. Die Kinder sollen verschiedene Münzen auswählen und vergleichen. Eine Münze soll mit dem Randmuster abgedruckt werden. Dazu wird in einem flachen Teller Fingerfarbe ausgebreitet, mit einer Münze wird diese Farbe durch Drehen aufgenommen und auf einem Blatt Papier aufgedruckt. Die Gruppen dürfen im zweiten Schritt eine Lieblingsrandprägung auswählen oder eine selber erfinden und diese auf Papier zeichnen.

4.2.2 D9 Preisschätzung

Jedes Kind bringt eine Spielsache in die Schule mit, die es nicht mehr braucht. Gemeinsam wird in der Gruppe überlegt, wie viel Geld man für jedes Stück auf einem Schulflohmarkt bekommen kann. Dann werden Plakate gemacht und vor einem Schulereignis für jede Gruppe ein Flohmarkttisch aufgebaut. Hinterher wird geschaut, ob die Schätzungen der Marktpreise in der Realität passten.

4.2.2 D 10 Geldrennen

Auf die Holzplatten wird das glatte Papier gelegt und mit Reißzwecken befestigt. Dann werden mit den Stiften Rennbahnen gezeichnet. Nun wird die Platte etwas schräg gestellt. Ein Holzklotz gleicher Höhe wird bei jeder Platte an derselben Position heruntergelegt. Die Münzen sollen ein Wettrennen vollziehen. Jedes Kind darf eine Münze auf dem erhöhten Platz einer Bahn mit dem Rand aufstellen. Beim Startsignal werden die Münzen losgelassen und sollen so weit wie möglich die schiefe Ebene hinunter rollen.

4.2.2 D 11 Geldwörter finden

Die Kinder nehmen die in der Klasse ausliegenden Kinderbücher und schauen etwa 5 Minuten leise hinein. Auf einen Gongschlag wird die Aufgabe präsentiert: „Denkt euch eurer eigenes Geldwort aus!“ Die Kinder haben mindestens eine Minute Zeit. Dann sollen sie sich das eigene Geldwort auf einen Zettel notieren, wer dazu Hilfe braucht, bekommt sie. Der Geldwortzettel wird sorgsam aufbewahrt. Jedes Kind erfährt, dass der Zettel als Erinnerungsstütze dient, wenn am Freitag beim Abschlusskreis alle Geldwörter vorgestellt werden.

4.2.2 D 12 Geldmünzen sammeln

Die Kinder betrachten die wunderschöne Geldschachtel der Klasse und dürfen sie noch weiter verschönern. Alle Kinder sollen zu Hause und in der Nachbarschaft fragen, ob sie Münzen aus früheren Zeiten oder anderen Ländern für die Klassensammlung geschenkt bekommen. Diese Münzen können immer wieder nach Geldwert, Motiven, Größe oder Gewicht geordnet werden.

4.2.2 D 13 Wertveränderung

Eine Tafel Schokolade mit groß aufgeklebtem Ladenpreis wird am Gruppentisch herumgegeben. Die Kinder sollen überlegen, wohin das Geld, das wir für diese Schokoladentafel bezahlen, hinkommt. Auf einem Papierbogen wird der Weg der Schokolade vom Pflanzen des Kakaobaumes, über die Ernte der Früchte, der Transport mit dem Schiff zur Schokoladenfabrik bis hin zum Laden nachvollzogen. Dazu können die Kinder in Büchern nachschlagen.

4.2.2 D 14 Die Münzen der Welt

Im Internet und in Büchern wird recherchiert, welche verschiedenen Währungen es gibt und wie die jeweiligen Münzen aussehen. Die verschiedenen Münzen werden fotografiert und ausgeschnitten. Für jedes Land wird auf einer DIN-A4-Seite die jeweiligen Münzen mit Vorder- und Rückseite aufgeklebt. Aus den Seiten wird ein Münzenbuch der Welt erstellt.

4.2.2 D 15 Meine Münze

Die Kiste mit verschiedenen gesammelten Münzen wird auf einem Tuch ausgeschüttet. Die Münzen werden auch auf die verdeckte Seite hin umgewendet. Dann darf sich jedes Kind eine der Münzen aussuchen und sie an den Körperteil halten, den das Kind am passendsten findet, also auf den Kopf legen, zwischen die Zehen stecken, an den Bauch drücken, auf die Schultern legen, in der Faust festhalten, mit beiden Händen zusammendrücken etc. Man kann seine Münze auch anderen Kindern zeigen, aber darf sie auch als eigenes Geheimnis betrachten und niemandem darbieten. Am Schluss gibt es eine gemeinsame Schweigeminute, in der jedes Kind darüber nachdenken kann, was diese Münze schon erlebt hat.

4.2.2 D 16 Münzmotive spielen

Die Kinder suchen sich in der Kiste der Münzen eine Münze aus, deren Rückseite sie spielen können, sei es gespreiztes Eichenblatt oder Boot oder den streng seitwärts blickende Kopf von Königin Beatrix, den nach vorn ausgerichteten Kopf von Königin Elisabeth auf einigen britischen Münzen oder die Bewegung der Säerin auf französischen Münzen oder der stilisierte Hexagonbaum auf den Euromünzen Frankreichs oder die Pose des Wappenlöwen auf den finnischen Münzen oder der Sprung der zwei Lippizanerpferde auf den 20-Cent-Münzen Sloweniens oder die starre Position des Idols von Pomos auf den Euro-Münzen Zyperns. Wichtig ist, dass die Kinder vorher wissen, dass sie das ausgewählte Münzmotiv spielen sollen, damit sie aus der Sammlung die Münzrückseite aussuchen, von der sie eine Vorstellung haben, wie sie dies körpersprachlich ausdrücken könnten.

4.2.2 D 17 Robin Hood

Robin Hood wollte Geld den Armen geben und den Reichen nehmen. Lest das Kinderbuch von Robin Hood abwechselnd in der Gruppe vor! Sprecht darüber, wie ihr über Robin Hoods Verhalten denkt! Schaut euch dann die Bilder im Buch an! Überlegt, welches Bild ihr noch zusätzlich in dem Buch haben wollt! Malt so ein Bild und entscheidet, welches ihr für die anderen Kinder der Klasse in das Buch hineinlegen wollt.

4.2.2 D 18 Geld verdienen mit Baumwollernte

Ein T-Shirt aus Baumwolle wird aus den Fasern der Baumwollpflanze gewonnen. Es dauert lange, bis die Baumwollpflücker Geld bekommen.

Abb. 4.2.2 D18 Geld verdienen mit Baumwollernte: Baumwollpflanze vor der Ernte

Abb. 4.2.2 D18 Geld verdienen mit Baumwollernte: geerntete Baumwolle

Erst muss die Baumwollpflanze auf dem Feld wachsen, bis die Kapseln der Früchte reif sind und aufspringen. Dann können die Baumwollfasern aus der stacheligen Kapsel herausgepflückt werden.

Abb. 4.2.2 D18 Geld verdienen mit Baumwollernte: Baumwollwaage

Abb. 4.2.2 D18 Geld verdienen mit Baumwollernte: Geldauszahlung für die Baumwollernte

4 Gemeinsames Zusammenführen

Die **Fotos von den Münzreihungen** werden im Sitzkreis in die Runde gegeben und anschließend in der Kreismitte ausgelegt. Gemeinsam wird kommentiert, welche Gründe es für die verschiedenen Reihungen gibt. Die Lehrperson moderiert, dass dabei keine falsch-richtig-Wertungen auftauchen, sondern jeder Entscheidung über Kriterien eine Relevanz zugebilligt wird.

Die Preisschätzungen werden noch einmal nach den Ergebnissen des Flohmarkttisches bedacht. Es wird nach gemeinsamen Erklärungen gesucht für Abweichungen des auf dem Flohmarkt erzielten Preises vom Schätzpreis.

An der Wandzeitung wird geschaut, welche Fragen mittlerweile beantwortet wurden und welche noch ausstehen. Gemeinsam wird überlegt, ob es noch möglich sein könnte, diese noch offenen Fragen zu beantworten. Außerdem wird überlegt, welche Informationen und Abbildungen noch auf der rechten Seite der Wandzeitung ergänzt werden können.

5 Abschlussritual zum Thema

Beim Abschlussritual dürfen die Kinder ihre verschiedenen Perspektiven zum Geld noch einmal allen zeigen. Deshalb dürfen im Anfangskreis alle Kinder ihr eigenes Geldwort (D11) sagen. Die anderen sollen stumm mit Blick auf dieses Kind, das gerade sein Geldwort gesagt hat, dazu nicken. Es dürfen keine Kommentare ausgesprochen werden. Erst wenn alle Kinder ihr Geldwort ausgesprochen haben, wird eine allgemeine Murmelrunde eröffnet und Kommentare, Ergänzungen oder neue Ideen zum Thema Geld dürfen gegenüber den benachbart sitzenden Kindern geäußert werden.

Im Mittelpunkt des Abschlussrituals steht die Vorführung der Geldkunststücke. Die **Geldkunststücke** (D2) werden auf einem erhöhten Podest oder einfach vorn im Klassenzimmer vorgeführt. Als Podest genügen auch Holzkisten oder einfache Bretter. Es soll dabei jedes Kunststück als interessant gewertet werden und Applaus der Klasse bekommen. Deshalb wird auch keine Jury gebildet, welche die besten Kunststücke auswählt.

Zum Schluss darf jedes Kind aus der Schachtel mit gesammelten ausländischen Münzen eine Erinnerungsmünze mit nach Hause nehmen.

Vorbereitungsliteratur für Lehrerinnen und Lehrer

Bahlmann, Mechthild (2010): Geld riecht nicht. In: Kaiser, Astrid (Hrsg.): Praxisbuch handelnder Sachunterricht. Band 3, 6. Aufl., Baltmannsweiler: Schneider Verlag, S. 75–94.

Varoufakis, Yanis/Hildebrand, Birgit (2015): Time for Change: Wie ich meiner Tochter die Wirtschaft erkläre. München: Hanser Verlag.

Wagenknecht, Sahra (2016): Reichtum ohne Gier: Wie wir uns vor dem Kapitalismus retten. Frankfurt: Campus Verlag.

http://www.chocosuisse.ch/web/chocosuisse/de/documentation/facts_figures.html (Abruf 22.02.10).

Anregungsliteratur für Kinder

Baisch, Milena: Anton macht's klar. Beltz & Gelberg.

Boie, Kirsten (2008): Ein mittelschönes Leben. Ein Kinderbuch über Obdachlosigkeit. Hamburg: Hinz & Kunzt.

Duda, Christian; Friese, Julia (2013): Schnipselgestrüpp. Weinheim: Beltz & Gelberg.

Krüss, James (2006): Timm Thaler oder das verkaufte Lachen. Hamburg: Oetinger Verlag.

Küntzel, Karolin/Richter, Kathleen (2014): Wo kommt das her? – Vom Rohstoff zu T-Shirt, Apfelsaft und Co.: Produktionsabläufe anschaulich erklärt. München: Compact Verlag.

Liess, Hans-Christoph/Albrecht, Gerd (2012): Regiert das Geld die Welt?: Wie die Wirtschaft funktioniert und warum die Krise immer wieder kommt. Würzburg: Arena Verlag.

Motschiunig, Ulrike/Kahl, Matthias (2015): Als die Tiere reich wurden ...: Den Umgang mit Geld spielend begreifen! Wien: G&G Jugendbuch.

Piper, Nikolaus/Blau, Aljoscha/Bartholl, Max (2016): Geschichte der Wirtschaft. Weinheim: Beltz Verlag.

Piper, Nikolaus (2014): Felix und das liebe Geld: Roman vom Reichwerden und anderen wichtigen Dingen. Weinheim: Beltz Verlag.

Pyle, Howard (2011): Robin Hood. Der Bücherbär: Klassiker für Erstleser. Würzburg: Arena Verlag.

Unge, Michael J./Credé, Barbara (2013): Ritter Rudi Reichtum. CreateSpace Independent Publishing Platform.

Weinhold, Angela (2015): Unser Geld und die Wirtschaft. „Wieso? Weshalb? Warum?" Band 31. Ravensburg: Ravensburger Buchverlag.

4.2.3 Kinderarbeit

1 Material

Was brauche ich?

- langer Papierstreifen, Stifte
- Bindfaden für Bilderschnur in der Klasse
- Beschichtetes Papier zum Ausschneiden von Sandalen, Schere, spitze Bleistifte, Pappmuster für Sohlen, Pappmuster für ein Sandalenriemenpaar, Klebstoff
- Bild eines arbeitenden Kindes in einem anderen Land (zu beziehen über Unterrichtsmaterialversand etwa von „Caritas", „Brot für die Welt" und anderen Organisationen)
- Verschiedene, klingende Gegenstände wie Holzkisten, Gummiringe, Metallstäbe, Metallfolie, Glaskugeln, Holzstäbe, Plastikfolie, Gläser, Kronkorken, Draht, etc.
- Fußballkoffer von GEPA (www.gepa.de)
- Foto einer auf dem Altiplano arbeitenden Familie (zu beziehen über Unterrichtsmaterialversand etwa von „Caritas", „Brot für die Welt" und anderen Organisationen)
- Kinderbücher über Kinderarbeit
- Typische Importprodukte von Kinderarbeit wie gewebte Tischläufer, Fußball
- Schuhcreme, Schuhputzbürsten und –lappen, schmutzige Lederschuhe
- Stoppuhr
- Plastikkorb
- Alte Bücher
- Gurt

2 Anfangsritual

Drei Fotos von arbeitenden Kindern aus anderen Ländern werden im Sitzkreis in die Runde gegeben. Anschließend tauschen sich die Kinder darüber aus. Am Schluss der Runde darf jedes Kind einen Satz sprechen, den ein arbeitendes Kind auf den Fotos vielleicht sagen würde wie: *„Ich bin aber auch stolz, dass ich für meine Familie Geld verdiene, wenn ich gewebte Schals verkaufe". „Mir tun die Finger weh, wenn ich den ganzen Tag die feinen Teppichknoten knüpfen muss."* Fragen und Gedanken zur Kinderarbeit werden auf der Wandzeitung festgehalten. Dabei werden die Fragen auf der linken Seite, die Gedanken auf der rechten Seite notiert.

3 Differenzierungsformen

Es folgen Anregungen, die den für inklusiven Sachunterricht zentralen Dimensionen wie „Subjektsein – Emotionen", körperbasierte Lernformen, Soziales Lernen, Weite erschließen mehr oder weniger stark entsprechen.

4.2.3 D 1 Schreibgespräch zum Thema Kinderarbeit

Die Gruppe nimmt sich die Fotos zur Kinderarbeit und schaut sie schweigend an. Dann beginnt ein Kind der Gruppe, etwas auf den langen Streifen zu schreiben und gibt diesen Streifen ans nächste Kind weiter. Dieses liest, was das vorige Kind geschrieben hat und schreibt seinerseits wieder etwas daneben und knickt das Geschriebene des ersten Kindes nach unten. Nun folgt das nächste Kind und schreibt etwas auf den Streifen und knickt ebenfalls das vom vorigen Kind Geschriebene ab. So geht es reihum immer weiter. Jedes Kind schreibt oder malt etwas zum Thema Kinderarbeit auf den langen Papierstreifen und knickt das vorher Geschriebene unten ein.

Am Schluss liest ein Kind aus der Gruppe den anderen vor, was insgesamt zu Kinderarbeit geschrieben wurde.

4.2.3 D 2 Elfchen schreiben zum Thema Kinderarbeit

Die Regeln für ein Elfchen, also eine besondere Gedichtform, sind für Kinder einfach umzusetzen. Insgesamt besteht dieses Gedicht aus 11 Wörtern. In der ersten Zeile steht ein Schlüsselwort. In diesem Falle kann es „Kind" sein oder „Arbeit". In der zweiten Zeile stehen zwei Wörter, die sich auf das Wort der ersten Zeile beziehen. Mit drei Wörtern in der dritten Zeile wird das Wort aus der ersten noch deutlicher beschrieben. Mit vier Wörtern in der vierten Zeile kann eine eigene Bewertung hinzugefügt werden. Abschließend wird in der letzten Zeile mit einem Wort eine Konsequenz, ein Ziel oder eine Schlussfolgerung formuliert. Am leichtesten lässt sich ein Elfchen durch Vorgabe eines Musters schreiben. Im Praxisbuch „Interkultureller Sachunterricht[3]" stehen einige Muster, welche die Gedanken von Kindern vor dem Aussiedeln nach Deutschland reflektieren:

Heimat
weites Land
Haus mit Garten
kann Deutschland besser sein?
Hoffentlich![4]

Hier.
Bin ich.
Weg geh ich.
Was will ich dort?
Bleib![5]

---

[3] Kaiser, Astrid (2006): Praxisbuch interkultureller Sachunterricht. Baltmannsweiler: Schneider Verlag.
[4] Kaiser 2006, S. 152
[5] Kaiser 2006, S. 153

Mit derartigen Beispielen fällt es Kinder leicht, ein Elfchen zur Thematik Kinderarbeit zu schreiben. Dazu sollten wieder die Fotos von Kinderarbeit auf den Gruppentischen liegen.

4.2.3 D3 Sandalen für die Leseecke der Schule arbeitsteilig herstellen und verkaufen[6]

Es werden von der Lehrperson aus Pappe Modelle für die Sohlen links und rechts hergestellt sowie Modelle für die beiden auszuschneidenden Riemen.

Die Kinder werden wie in einer richtigen Fabrik an bestimmte Arbeitsplätze gesetzt, die einzelnen Stadien sind:

1. Sohlenumriss links mit dem Modell zeichnen
2. Sohlenumriss rechts mit dem Modell zeichnen
3. Sohle links ausschneiden
4. Sohle rechts ausschneiden
5. Riemeneinstechschlitz vorzeichnen links
6. Riemeneinstechschlitz vorzeichnen rechts
7. Riemeneinstechschlitz einritzen links
8. Riemeneinstechschlitz einritzen links
9. Riemenpaar Umriss zeichnen für linken Schuh
10. Riemenpaar Umriss zeichnen für rechten Schuh
11. Riemenpaar ausschneiden für linken Schuh
12. Riemenpaar ausschneiden für rechten Schuh
13. Riemenpaar einstecken in linke Sohle
14. Riemenpaar einstecken in rechte Sohle
15. Qualitätskontrolle, Einsortieren in Ausschuss oder Verkaufskorb

Neben diesen 15 Produktionsaufgaben gibt es auch die Meisterfunktion, der Meister/die Meisterin hat die Kinder zur Arbeit anzuhalten und darauf zu achten, dass mit dem Material sparsam umgegangen wird, weiterhin gibt es Putzkräfte, die den Fußboden reinigen und Papierschnitzel aufsammeln. Wie in einer echten Fabrik kann sich kein Kind aussuchen, was es tun möchte. Die Lehrperson entscheidet in der Rolle des Chefs, wer was machen darf und wer erwerbslos ist und auf einen Arbeitsplatz hofft. Die Kinder werden zu hoher Arbeitsleistung angetrieben.

Anschließend wird die Fabrik wieder geschlossen, alle Kinder sind wieder Schulkinder, gemeinsam wird besprochen, wie es den Kindern bei der Arbeit ging und wie sich diejenigen fühlten, die keine Arbeit bekommen haben, wie die Kinder über die andere Arbeit gedacht hatten und wie sie sich untereinander gefühlt haben.

---

[6] vgl. Kaiser 2016, S. 181–188

4.2.3 D 4 Theater der Klänge zu Kinderarbeit

In der Kreismitte liegt ein Foto eines Kindes, das arbeiten muss, darum liegen verschiedene Gegenstände, mit denen man Klänge erzeugen kann. Jedes Kind darf einen Gegenstand aussuchen und muss erproben, was es für Klänge zum Thema Kinderarbeit erzeugen will.

Dann wird das Klangtheater erprobt. Ein Kind ist Sprecher/Sprecherin und darf das Foto mit dem arbeitenden Kind hochhalten und etwas dazu sprechen. Ein anderes Kind ist Spielleitung und zeigt auf ein oder mehrere Kinder, die zum arbeitenden Kind und dem, was das Sprecherkind sagt, entsprechende Klänge vorführen. Beim nächsten Satz dürfen wiederum andere Kinder die Aussagen zu Kinderarbeit klanglich untermalen.

4.2.3 D 5 Nähen eines Fußballes

Fußbälle zu nähen ist in Asien für viele Kinder eine anstrengende Arbeit. Im Fußballkoffer von GEPA gibt es originale Waben zum Nähen eines Fußballs samt Nähzeug und eine Anleitung.

Sprecht hinterher in der Gruppe darüber, wie ihr euch beim Nähen gefühlt habt und wie es wohl einem Kind gehen mag, das den ganzen Tag Fußbälle nähen muss.

4.2.3 D 6 Kinderarbeit auf dem Feld im Altiplano

In der Kreismitte liegt ein Foto einer Familie in Bolivien, mit der auch die Kinder den schweren steinigen Boden locker hacken müssen. Die Kinder der Gruppe sollen 5 Minuten lang diese Bewegung mit der Holzhacke, um den steinigen Boden zu lockern, nachmachen. Danach tauschen sich alle aus, wie anstrengend sie das fanden, schon allein 5 Minuten lang immer dieselbe Bewegung zu vollziehen. Kinder in Bolivien müssen auf dem Lande oft den ganzen Tag der Familie bei der Arbeit helfen.

4.2.3 D 7 Tipps für Aminata

Lest das Buch von Aminata in der Gruppe! Dann überlegt, was ihr für Tipps habt, um Aminata zu unterstützen. Am Schluss spielt ein Kind aus der Gruppe Aminata, die anderen sagen ihre Vorschläge. Am besten ist es, alle guten Vorschläge vorher auf einen Zettel zu schreiben, damit sie hinterher beim Spiel nicht vergessen werden.

4.2.3 D 8 Schuhputzerjunge Juan

Schaut euch das Foto an! Er arbeitet als Schuhputzer in Guatemala und geht nicht zur Schule. Für ein Paar geputzte Schuhe erhält er weniger als 50 Cent. Davon muss er auch noch Schuhcreme bezahlen. Putzt selber mal ein Paar dreckige Schuhe und schaut auf die Stoppuhr, wie viel Zeit ihr dafür braucht!

Abb. 4.2.3 D8 Schuhputzerjunge Juan

Abb. 4.2.3 D9 Kinderarbeit: Bücherverkaufen

4.2.3 D9 Kinderarbeit: Bücherverkaufen

Schaut euch das Foto an! Dort verkauft Tung in Vietnam Bücher. Macht das nach und füllt einen Plastikkorb mit so vielen Bücher wie Tung tragen muss und tragt den Korb mit den Büchern am Gurt um euren Hals befestigt über den Schulhof.

4.2.3 D10 Pro und Contra Kinderarbeit

Schaut euch das Buch „Bäume für Kenia“ an! Auch das Pflanzen eines Baumes ist Arbeit. Aber ist es Kinderarbeit, die Kindern Chancen nimmt zu lernen. Diskutiert in der Gruppe darüber und macht eine Liste von Kinderarbeit, die schlimm ist und von Arbeit von Kindern, die gut für Kinder ist.

4.2.3 D11 Wer hat mein T-Shirt genäht?

Recherche: Wie kann ich rauskriegen, ob ein Fußball, ein T-Shirt, ein Teppich etc. von Kindern hergestellt wurde oder nicht? Die Kinder recherchieren in ihrer Kleidung, den Teppichen/Sportgeräten etc. in der Schule und zu hause, in Läden, ob es

Absicherungen, Vereinbarungen usw. gibt. Sie befragen in Interviews Verkaufspersonal dahingehend und dokumentieren ihre Ergebnisse.

4 Gemeinsames Zusammenführen

Die Bänder vom Schreibgespräch werden in die Kreismitte gelegt und nacheinander vorgelesen.

An der Wandzeitung wird geschaut, welche Fragen mittlerweile beantwortet wurden und welche noch ausstehen. Gemeinsam wird überlegt, ob es noch möglich sein könnte, diese noch offenen Fragen zu beantworten. Außerdem wird überlegt, welche Informationen und Abbildungen noch auf der rechten Seite der Wandzeitung ergänzt werden können.

5 Abschlussritual zum Thema

Die Elfchen der Klasse werden an der Bilderschnur in der Klasse aufgehängt. Alle Kinder gehen schweigend mit einem schwarzen Klebepunkt in der Hand an den Elfchen vorbei. Jedes Kind darf bei dem Elfchen, das für es am beeindruckendsten wirkte, seinen Klebepunkt aufkleben.

Vorbereitungsliteratur für Lehrerinnen und Lehrer

Engelmann, Rainer (2008): Kinder: ausgegrenzt und ausgebeutet. Berlin: Horlemann Verlag.

Geisz, Martin (2014); Ethik: Kinderrechte. Kempen: BVK Buchverlag.

Heitmann, Friedhelm (2010): Kindheit & Kinderarbeit: Jugendliche für brisante Themen sensibilisieren. Kerpen: Kohl Verlag.

Kaiser, Astrid/Röhner, Charlotte (2016): Sachunterricht. 2. Aufl. Baltmannsweiler: Schneider Verlag, S. 148–153.

Kaiser, Astrid (2016): Praxisbuch handelnder Sachunterricht Band 2. 9. Aufl., Baltmannsweiler: Schneider Verlag, S. 79–92 (Kinder in anderen Ländern) und S. 181–188 (Schuhfabrik).

Kaiser, Astrid (2014): Praxisbuch handelnder Sachunterricht Band 4. Baltmannsweiler: Schneider Verlag, S. 29–34 (Arbeiten Berufe).

International Labour Office (ILO) (2012): Gefährliche Kinderarbeit. Bamberg: Edition Aumann.

Kaiser, Astrid/Carle, Ursula (Hrsg.) (1998): Rechte der Kinder. Baltmannsweiler: Schneider Verlag.

Kaiser, Astrid (2002): Didaktik der Menschenrechtsbildung. In: Zeitschrift für Entwicklungspädagogik und Internationale Bildungsforschung 25, H. 4, S. 6–9.

Philipps, Carolin (2014): Made in Vietnam. Wien: Überrreuter Verlag.

Wimmer, Georg (2015): Kinderarbeit – ein Tabu: Mythen, Fakten, Perspektiven. Wien: Mandelbaum Verlag.

http://www.spiegel.de/wirtschaft/soziales/bolivien-die-stolzen-kinderarbeiter-a-1123897.html.

Anregungsliteratur für Kinder

Boie, Kirsten (2016): Es gibt Dinge, die kann man nicht erzählen. Hamburg: Oetinger.

Bulang-Lörcher, Monika / Große-Ötringhaus, Hans-Martin / Schmitt, Rudolf/Ehlers, Christina (2006): Aminatas Entdeckung. Neuauflage. Weinheim: Beltz.

Nivola, Claire A. (2015): Bäume für Kenia. Die Geschichte der Wangari Maathai. Stuttgart: Verlag Freies Geistesleben.

Pehnt, Annette (2016): Alle für Anuka. München: Carl Hanser Verlag.

Pelgrom, Els / Olschowy, Michael / Knust, Jutta / Knust, Theodor (1990): Umsonst geht nur die Sonne auf. München: DTV Verlag.

Portmann, Rosemarie (2010): Die 50 besten Spiele zu den Kinderrechten. Die UN-Kinderrechtskonvention ins Spiel gebracht. München: Don Bosco Verlag.

4.3 Kleine große Dinge

4.3.1 Sandkorn

1 Material

Was brauche ich?

- Mehrere Gefäße mit Sand verschiedener Farbe
- Decke
- Feuchtwischtücher
- Große Frotteehandtücher
- Papiertaschentücher
- flüssige Wasserfarbe
- Tinte (rot, blau, grün, schwarz)
- Glasschälchen
- Tageslichtprojektor
- Bechergläser

2 Anfangsritual

Ein großer Sandberg liegt auf einer Decke mitten im Klassenzimmer, alle Kinder dürfen den Sandberg mit einem Körperteil berühren. Es besteht freie Wahl, ob sie mit Daumen, Finger, Hand, Arm, Fuß, Bein, Knie oder Nase den Sandberg berühren. Nach der Berührung darf jedes Kind eine Bewegung an den Sandberg zurückgeben. Es ist möglich, ein Abschiedswinken, ein Streicheln in der Luft, eine geballte Faust oder einen Handkuss oder sonst eine Bewegung an den Sandberg zurück zu geben.

3 Differenzierungsformen

Es folgen Anregungen, die den für inklusiven Sachunterricht zentralen Dimensionen wie „Subjektsein – Emotionen", körperbasierte Lernformen, Soziales Lernen, Weite erschließen mehr oder weniger stark entsprechen.

4.3.1 D 1 Mein Ich-Sandkorn (Einzelarbeit für alle)

Jedes Kind darf sich ein Sandkorn aus dem Berg herausholen, auf eine kleine Decke legen und auf dem eigenen Schultisch ausstellen.

4.3.1 D 2 Sandkornzirkus

(eine Gruppe sind die Artisten, eine Gruppe ist das Publikum)

Aus dem Sandberg werden diejenigen Sandkörner herausgesucht, die sich als Artisten eignen. Nun führt jedes Kind aus der Artistengruppe jeweils ein Kunststück mit seinem Sandkorn vor.

4.3.1 D 3 Sandkornolympiade (Gruppenarbeit)

Die Gruppe entscheidet sich, welche Disziplinen dieses Mal in der Olympiade der Sandkörner zugelassen sind. Denkbare Disziplinen sind: Weithüpfen, Fingernagelverstecken, Hochsprung, Dicksein, Dünnsein, Großsein, Rundsein, Dunkelsein, Hellsein. Für jede Disziplin sucht jedes Kind ein Sandkorn aus dem Sandberg heraus, das es für den Wettbewerb geeignet findet.

Der olympische Wettbewerb beginnt mit einem Startsignal. Jedes Sandkorn muss dann die jeweilige Leistung vollbringen wie Weithüpfen oder Dunkelsein. Jedes Kind aus der Gruppe beobachtet die Leistungen jedes Sandkorns. Gemeinsam wird entschieden, welches Sandkorn in welcher Disziplin die Goldmedaille, Silbermedaille und Bronzemedaille bekommt.

4.3.1 D 4 Sandkornreise

Mein Sandkorn verreist auf meiner Haut (PartnerInarbeit)

Das Ich-Sandkorn darf von seinem Platz bis zur Leseecke verreisen. Das Kind legt das eigene Ich-Sandkorn in einen geeigneten Wagen, wie Ellenbogenbeuge oder Hand oder ins Haar –. Ein zweites Kind ist Reiseleitung und erklärt dem Sandkorn, was es gerade sieht. Am Ziel angekommen verabschiedet sich das Sandkorn vom Kind und darf dann in den Sandberg zu Seinesgleichen gelegt werden.

4.3.1 D 5 Sandkorntaufe

Jedes Kind wählt ein Sandkorn aus dem Haufen als Adoptivkind aus und gibt ihm einen Namen. Das Sandkorn darf sich anschließend den anderen Kindern vorstellen.

4.3.1 D 6 Sandkornschrift

In mehreren Schälchen wird flüssige Farbe angerührt (Wasserfarbe, Tinte). Vorsichtig wird ein Sandkorn von der Flüssigkeit benetzt und auf einen Papierbogen gelegt, mit der Fingerkuppe wird das Sandkorn über das Papier sanft bewegt. Allmählich drucken sich die Farben auf dem Papier als Spur ab.

4.3.1 D 7 Sandkornorakel (Gruppenarbeit)

Jedes Kind stellt sich eine Frage. Ein Kind aus der Gruppe ist die griechische Priesterin, die Orakelsprüche sagen kann.

Jedes Kind darf nacheinander bis zu 13 Sandkörner aus dem Sandberg heraussuchen und auf eine Orakelbank vor der Priesterin hinlegen. Die Priesterin hat verbundene Augen. Sie darf sie erst öffnen, wenn die Sandkörner fertig angeordnet sind und alle Kinder wieder auf ihren Plätzen sind. Die Priesterin schaut sich diese Körner in ihrer Anordnung an und formuliert daraus einen Orakelspruch.

4.3.1 D 8 Sandschlange (Gruppenarbeit)

Die Kinder einer Gruppe bilden aus einzelnen Sandkörnern eine Schlange und suchen sich dazu diejenigen Sandkörner aus, die ihnen als besonders geeignet erscheinen.

4.3.1 D 9 Sandinschrift (Gruppenarbeit)

Jedes Kind darf in den Sandberg mit den Fingern ein Wort hinein schreiben.

4.3.1 D 10 Sandarchitektur (Gruppenarbeit)

Eine größere Menge Sand wird vom Sandberg abgetrennt und mit Wasser vermischt. Die Gruppe baut aus ihrer Sandmasse eine Skulptur oder ein Gebäude aus Sand.

4.3.1 D 11 Sandpustball (PartnerInarbeit)

Es wird ein kleines Spielfeld mit zwei gegenüber liegenden Toren aufgezeichnet. Auf die Mittellinie wird ein Sandkorn gelegt. Die beiden spielenden Kinder wollen das Sandkorn ins gegenüber liegende Tor pusten. Wenn das Sandkorn im Tor ankommt, wird dies als Tor bezeichnet, fällt es zu weit und gar vom Spielfeld wird es als Aus gewertet und noch einmal an der Mittellinie begonnen. Nach 5 Toren ist das Spiel zu Ende.

4.3.1 D 12 Sandpartnerschaft (Gruppenarbeit)

Die Ich-Sandkörner der Gruppe werden in die Mitte gelegt und danach betrachtet, welches Sandkorn wohl mit welchem Freundschaft schließen könnte.

4.3.1 D 13 Sandsprachen (Gruppenarbeit)

Die Sandkörner bekommen Namen in verschiedenen Sprachen.

4.3.1 D 14 Sandwohnung

Aus Papier und anderen Materialien wird eine ideale Wohnung für Sandkörner gebastelt.

4.3.1 D 15 Sandsalat

Aus verschiedenen Sandkörnern wird auf einem kleinen Teller ein Salat zusammengestellt, der interessant und abwechslungsreich aussieht und damit appetitanregend wirkt.

4.3.1 D 16 Sandwege in die Welt (Gruppenarbeit)

Mehrere Landkarten von Region, Deutschland, Europa und der Welt werden nebeneinander auf dem Tisch ausgebreitet. Der eigene Standort wird auf allen vier Karten mit dem Finger festgemacht. Abwechselnd darf ein Kind ein Sandkorn in eine Himmelsrichtung pusten. Gemeinsam wird auf den Landkarten gesucht, wohin das Sandkorn überall gelangen könnte und was das Sandkorn auf seinem Weg alles sehen könnte.

4.3.1 D 17 Sandornamente (Gruppenarbeit)

Mit dem Bleistift schöne Ornamente in den Sandberg hinein spuren.

4.3.1 D 18 Sandlandschaftsmodell (Gruppenarbeit)

Auf einem Tablett mit Sand und farbigen Wollfäden (für Flüsse und Straßen) eine Landschaft gestalten. Es kann auch Wasser hinzugefügt werden, damit Berge, Städte und Felsvorsprünge entstehen können.

4.3.1 D 19 Sandpyramiden (Gruppenarbeit)

Aus einzelnen Sandkörnern eine Pyramide legen, die nicht in sich zusammen fällt.

4.3.1 D 20 Sandredensarten (Gruppenarbeit)

über Redensarten, Metaphern und sprachliche Verwendung von Sand reflektieren „In den Sand gesetzt", „versandet", „Sandkastenspiele", „Sandsturm", „Geld wie Sand am Meer".

4.3.1 D 21 Sandkonzert

Verschiedene Sandkörner gegen eine gespannte Membran aus Butterbrotpapier reiben und dem Klang nachspüren.

4.3.1 D 22 Sandkornalter raten

Ein Sandkorn anschauen und überlegen, wie lange es dieses wohl schon gibt und aufmalen oder aufschreiben, was dieses Sandkorn wohl schon erlebt haben kann.

4.3.1 D23 Wie viele Sandkörner?

Schaut euch das Bild an. Es sind sehr viele Sandkörner zu sehen. Wir werden die richtige Antwort niemals finden. Aber wir können schätzen, wie viele Sandkörner wohl auf diesem Bild an der Oberfläche zu sehen sind.

Abb. 4.3.1 D23 Wie viele Sandkörner?

4.3.1 D24 Sandkorntheater

Sandkörner als Schauspieler in einem Rollenspiel betrachten. Es werden drei bis vier Akteure ausgesucht, die als Sandkörner auf dem Tageslichtprojektor bestimmte Rollen spielen. Die Kinder können entweder ganz frei miteinander improvisieren oder ein Drehbuch vorher schreiben und danach die Aufführung machen.

4.3.1 D25 Das eingebaute Sandkorn

Irgendwann waren alle Sandkörner auf der Welt mit anderen Sandkörnen dicht zusammen, auch mit Sandkörnern, die jetzt in Mörtel oder in Presssteinen in Bauwerken gelandet sind.

Schau dir ein Sandkorn und das Bild eines Bauwerkes an! Wo könnte das frühere Nachbarsandkorn deines Sandkorns jetzt eingebaut sein?

Abb. 4.3.1 D25 Das eingebaute Sandkorn

4.3.1 D26 Krieg der Sandvölker

Die Gruppe nimmt zwei Haufen von Sandkörnern und stellt sie gegenüber. Beide Haufen sollen Völker darstellen, die miteinander im Krieg stehen. Die Gruppe teilt sich auf in zwei gegenüber stehende Gruppen, die zu den beiden Sandhaufenvölkern gehören. Jedes Volk ruft dem anderen zu, warum der Krieg entstanden ist und was sie den anderen vorwerfen. Die Sandkörner sind die jeweiligen Soldaten und versuchen, in das gegnerische Sandgebiet vorzudringen.
Sobald dieses Rollenspiel in eine Sandschlacht ausartet, ist es beendet.

4.3.1 D27 Sandklumpen

Olorun, der Herr des Himmels, beauftragt seinen ältesten Sohn Obatala, vom Himmel zu den Urgewässern hinabzusteigen und dort die Welt zu erschaffen. Dazu gibt er ihm himmlischen Sand und ein Huhn mit fünf Fingern mit. Obatala macht sich auf, doch unterwegs findet er Palmwein, betrinkt sich und schläft ein. Als sein Vater dies sieht, übergibt er den Auftrag zur Erschaffung der Welt Odudua, seinem jüngeren Sohn. Dieser begibt sich hinunter zu den Urgewässern und schüttet den Sand auf das Meer. Er setzt das fünffingrige Huhn darauf, das zu scharren beginnt und auf diese Weise den Sand ausbreitet. Dadurch entstehen Hügel und Täler. An der Stelle, wo dies geschah, liegt jetzt Ife, die alte heilige Stadt der Yoruba. Odudua aber wurde der erste König von Ife. Als Obatala, der älteste Sohn des Himmelsherrn, erwacht und bemerkt, dass sein jüngerer Bruder an seiner Stelle den Auftrag erfüllt hat, gerät er in Wut. Es folgt ein Kampf, in dem alle Götter Stellung beziehen und der schließlich mit einem Kompromiss endet: Odudua wird als König von Ife bestätigt. Obatala aber erhält das Recht, den Körper eines jeden Menschen aus Ton zu modellieren, bevor Vater Olorun ihn durch Einhauchen seines Atems mit Lebenskraft füllt.
Ursprung. Frankfurt a. M.: Museum für Völkerkunde 1987

4.3.1 D28 Sanduhr

Baut aus Joghurtbechern eine Sanduhr! Stellt einen mit der Öffnung nach unten auf den Tisch, den anderen mit der Öffnung nach oben darüber! Macht in den Deckel jeweils ein Loch und steckt einen dünnen kurzen Strohhalm als Verbindungsstück dazwischen! Schüttet in den oberen Becher Sand und wartet, bis der meiste Sand im unteren Becher gelandet ist!

4.3.1 D29 Sandstürme

Seht euch das Bild vom Sandsturm an! Stellt euch vor, die Sandkörner in der Luft berühren euer Gesicht!

4.3.1 D30 Zufälle und Abhängigkeiten

Was passiert, wenn man aus einer Gießkanne etwas Wasser über einen Sandhaufen gießt? Was passiert mit einem einzelnen Sandkorn? Kann ich das vorhersagen?

4.3.1 D31 Ein Sandkorn in der Weltgeschichte

Ein Sandkorn, das ihr am Strand findet, kann sehr sehr alt sein. Vielleicht ist es aus einem Fels in den Bergen gewaschen worden und dann über lange Wege durch

Abb. 4.3.1 D29 Sandstürme

Bäche und Flüsse an der Küste gelandet und dabei immer kleiner gemahlen worden. Was hat es auf dem Weg erlebt? Was hat es gesehen? Hat vielleicht irgendwann einmal ein Dinosaurier darauf gesessen?

4.3.1 D32 Sandschrift

Die Menschen auf Vanuatu haben sehr viele verschiedene Sprachen. Sie müssen sich mit Sandschrift verständigen, um mitzuteilen, wo reiche Fischgründe sind oder wer gestorben ist. Hier ist ein Beispiel einer Sandschrift zu sehen. Versucht, dieses Beispiel im Sand nachzuzeichnen!

Abb. 4.3.1 D32 Sandschrift

6 Zusammenfassung

Die Wandzeitung zum Thema „Sandkorn“ wird gemeinsam betrachtet. Welche Fragen sind geklärt? Was haben wir Neues gelernt? Wie kann es weiter gehen?

7 Abschlussritual

Geschichten von Sandkörnern werden vorgetragen.

Vorbereitungsliteratur für Lehrerinnen und Lehrer

http://www.unesco.org/culture/ich/en/RL/vanuatu-sand-drawings-00073 (Abruf 3.1.2017)

https://de.wikipedia.org/wiki/Sandzeichnung_(Vanuatu) (Abruf 3.1.17)

Anregungsliteratur für Kinder

Baccalario, Pierdomenico/D'Alo, Enzo (2011): Stadt aus Sand. Frankfurt: Fischer KJB.

Berger, Ulrike/Kersten, Detlef (2008): Die Sand-Werkstatt: Spannende Experimente mit Sand und Wasser. Velber: Velber Verlag.

Lind, Åsa (2005): Zacharina und der Sandwolf. Weinheim: Beltz & Gelberg.

4.3.3 Ameisen

1 Vorbereitung Material

Was brauche ich?

- Kinderbuchsammlung zur Thematik Ameisen
- Viele Lupen
- Ameisenhaufen in fußläufiger Entfernung von der Schule
- Schreibbrett
- Stift
- Notizpapier
- Verabredung mit Druckerei, Fehldrucke für die Schule abzuholen
- Schulkreide, Plastiktüten, evtl. Feile zum Zerkleinern der Kreidestücke
- Erde im Plastiksack
- Plastikplane
- Bleistift
- Schere
- Festes schwarzes und weißes Papier
- DIN-A-4 Blätter
- Tacker
- Ameisenmodell
- Mit Ameisensäure konservierte Lebensmittel
- Spiralbindegerät
- Spiralen
- Fotokarton für die Buchdeckel
- Foto Ameisenstraße
- Fichtennadeln
- Holzstückchen
- Kleine Äste
- Knospen
- Harzklumpen
- Erde
- Großer Packpapierbogen als Unterlage

2 Anfangsritual

Die Klasse geht zu einem Ameisenhaufen und beobachtet zuerst diffus ohne Fragestellungen. Dann werden in einem Stehkreis die Beobachtungen ausgetauscht und Fragen gesammelt. Die Lehrperson notiert die Fragen auf einem Schreibbrett.

In der Klasse wird eine Wandzeitung hergestellt. In der Mitte wird ein Ameisenhaufen gezeichnet, jedes Kind darf seine eigene gezeichnete Ameise ausschneiden und aufkleben. Alle Kinder erinnern sich an ihre Fragen und schreiben sie auf vorbereitete Karten auf. Auf die linke Seite der Wandzeitung werden die Fragen geklebt. Währenddessen dürfen die anderen Kinder schon mal in Büchern stöbern und nach Antworten suchen.

Die rechte Seite ist für Bilder, Fotos und Zeichnungen, sowie weitere Informationen vorbehalten, die im Laufe der Arbeit zur Thematik „Ameise“ gesammelt werden.

In der zweiten Beobachtungsrunde bekommen die Kinder gezielte Aufgaben, z. B. eine einzige Ameise möglichst weit auf ihrem Weg verfolgen, zu überprüfen, ob es schnellere und langsamere Ameisen gibt oder ob alle so ungefähr dieselbe Geschwindigkeit haben. Eine Beobachtungsaufgabe wäre die Frage, ob eine Ameise eine bestimmte Last unentwegt trägt oder ob sich Ameisen untereinander ablösen. Jedes Kind verfolgt auch – evtl. mit anderen zusammen – gezielt eine Frage aus dem Fragekatalog vom ersten Unterrichtsgang.

3 Differenzierungsformen

Es folgen Anregungen, die den für inklusiven Sachunterricht zentralen Dimensionen wie „Subjektsein – Emotionen“, körperbasierte Lernformen, Soziales Lernen, Weite erschließen mehr oder weniger stark entsprechen.

4.3.3 D 1 Ameisenkrabbeln

Die Kinder haben ganz genau beobachtet, wie Ameisen sich bewegen und dürfen in der Turnhalle versuchen, wie Ameisen herumzukrabbeln.

4.3.3 D 2 Lastentransport wie Ameisen

Die Kinder schätzen, welchen Anteil des eigenen Körpergewichts jede einzelne Ameise tragen kann. Dann schätzen sie ausgehend vom eigenen Körpergewicht, wieviel jedes einzelne Kind schleppen muss, um anteilig so viel zu tragen wie eine Ameise.

4.3.3 D 3 Ameisensäure

Im Supermarkt wird bei Verpackungen von eingelegtem Fisch oder anderen Lebensmitteln nach solchen gesucht, die mit Ameisensäure konserviert werden. Eine Packung wird gekauft, in der Schule geöffnet und reihum gerochen.

4.3.3 D4 Ameisenvolk spielen

Die Klasse übernimmt eine echte Transportaufgabe für die Schule, wie z. B. fehlgedruckte Papierstapel in einer Druckerei abholen, die für die verschiedenen Klassen dann als Arbeitsmaterial verwendet werden können. Die Klasse überlegt vorher, wie der Transport von großen Papiermengen ablaufen soll. Sie geht zu Fuß zur Druckerei. Dort werden die schweren Stapel von einigen Kindern hochgenommen und an die nächsten weiter gereicht, diese tragen sie ein Stück und übergeben sie an die nächsten Kinder, die sie auf dem Weg überholen und die Lasten für einen nächsten Abschnitt des Weges schleppen, bis sie wieder von den nächsten Kindern abgelöst werden. Dieser Wechsel von Tragen und Weitergehen entspricht dem Bewegungsablauf in einem Ameisenvolk. Am Schluss werden die Papiermengen in den verschiedenen Klassenräumen abgeladen.

4.3.3 D5 Ameisen erfinden und taufen

Auf den ersten Blick sehen alle Ameisen gleich aus. Wenn man genau beobachtet, entdeckt man aber Unterschiede. Jedes Kind der Klasse soll aus Knete verschiedene Ameisen kneten oder sie auf Papier zeichnen und der eigenen Ameise einen Namen geben.

4.3.3 D6 Ameisenwege umleiten

Zuerst werden kleine Kalkkrümel aus Schulkreidestücken gerieben und in einer Plastiktüte gesammelt. Gemeinsam wird beim Unterrichtsgang zum Ameisenhaufen überlegt, an welche Stellen auf dem Boden ein wenig Kalk gestreut wird. Gemeinsam wird beobachtet, ob die Ameisen sich davon in ihrem Weg abbringen lassen. Es kann auch mit einer etwas größeren Menge an Kalkkrümeln probiert werden, ob dies den Weg der Ameisen beeinträchtigt.

Vorsicht: die Ameisen sollten nicht gequält werden! Der Versuch sollte nur mit kleinen Mengen Kalk durchgeführt werden.

4.3.3 D7 Ameisen zeichnen

Jedes Kind durfte mit einer Lupe die einzelnen Ameisen im Ameisenhaufen genauer beobachten. In der Klasse darf jedes Kind eine Ameise zeichnen und diese ausschneiden und auf die Wandzeitung um den gemalten Ameisenhaufen kleben.

4.3.3 D8 Ameisenhaufenmodell

Ein Haufen Erde wird in der Kreismitte auf der Plastikplane ausgeschüttet. Die Kinder zeichnen kleine Ameisen auf festes schwarzes oder weißes Papier und schneiden sie aus. Jedes Kind darf seine Ameise in diesem Modellameisenhaufen platzieren, sie können ihre Ameise in ein mit dem Bleistift in den Erdhaufen eingestochenes Loch kriechen lassen oder an der Oberfläche des Ameisenhaufens in eine Ameisenstraße setzen.

4.3.3 D 9 Ameisenshow

Jedes Kind soll versuchen, möglichst genau den Gang einer Ameise nachzumachen. Wenn alle geübt haben, dürfen einzelne Kinder, die Lust dazu haben, vorn auf einem Podest vorführen, wie eine Ameise geht. Das Publikum applaudiert bei jeder Vorstellung.

4.3.3 D 10 Ameisenbuch

Eine Gruppe darf in Büchern und im Internet das Wissen über Ameisen zusammentragen und es selbst auf verschiedene Blätter schreiben und zeichnen und diese Seiten zu einem selbst gemachten Ameisenbuch zusammenheften.

4.3.3 D 11 Ameisenolympiade

Nach den Beobachtungen am Ameisenhaufen beim Unterrichtsgang sollen die Kinder sich in Gruppen wie die Ameisen auf dem Boden der Klasse vorwärts bewegen. Die anderen Kinder schauen zu und überlegen, welches Kind wohl am besten den Ameisenbewegungsablauf imitiert hat.

4.3.3 D 13 Neues von der Ameise Amelie

Schaut euch das Buch von der Ameise Amelie an! (Schaub, Rosa (2011): Ameise Amelie. Klenze Verlag). In diesem Buch ist die Ameise immer wieder in anderen Gegenden, mal trägt sie eine Erdbeere im Erdbeerfeld, mal einen Pilz im Wald, mal Löwenzahn. Überlegt euch in der Gruppe, was die Ameise Amelie noch erleben könnte und malt eine neue Seite fürs Buch und schreibt dazu, was die Ameise macht!

4.3.3 D 14 Ameisenstraße

Schaut euch das Bild von der Ameisenstraße an! Wie viele Ameisen könnt ihr sehen?

Abb. 4.3.3 D 14 Ameisenstraße

4.3.3 D 15 Bau eines Ameisenhügels

Sammelt Naturmaterialien wie kleine Zweige, Holzstückchen, Blätterknospen, Nadelbaumnadeln (Kiefer, Fichte, Tanne, Lärche). Schüttet Erde auf einen großen Packpapierbogen und baut einen Ameisenhügel mit Nestern und Gängen im Inneren nach! Ganz unten ist die Kammer der Ameisenkönigin.

4.3.3 D 16 Ameisenfilm vertonen

Die Kinder filmen Ameisen, auf einer Ameisenstraße oder auf einem Ameisenhaufen und beobachten dabei genau (z. B. beim gemeinsamen Transport von Nahrung, bei einer Störung …). Wenn sie genügend Material haben, wird gemeinsam ein spannender Abschnitt herausgesucht. Die Kinder sprechen nun einen Erklärungstext darüber im Stil einer „Tierdoku“ und unterlegen das Geschehen mit dramatischer oder verstärkender Musik. Als Erweiterung oder alternativ dazu können auch die Ameisen mit Stimmen der Kinder nachvertont werden: Was könnte die eine Ameise wohl gerade zur anderen sagen? Beide Varianten dürfen witzig sein.

4.3.3 D 17 Die Grille und die Ameise

Lest das Fabelgedicht von La Fontaine laut vor und besprecht dann, wie ihr diese Geschichte seht!

La Fontaine

Die Grille und die Ameise

Die Grille, die den Sommer lang
zirpt' und sang,
litt, da nun der Winter droht',
harte Zeit und bittre Not:
Nicht das kleinste Würmchen nur,
und von Fliegen eine Spur!
Und vor Hunger weinend leise,
schlich sie zur Nachbarin Ameise,
und fleht' sie an in ihrer Not,
ihr zu leihn ein Stückchen Brot,
bis der Sommer wiederkehre.
»Hör'«, sagt sie, »auf Grillenehre,
vor der Ernte noch bezahl'
Zins ich dir und Kapital.«
Die Ameise, die wie manche lieben
Leut' ihr Geld nicht gern verleiht,
fragt' die Borgerin: »Zur Sommerzeit,
sag doch, was hast du da getrieben?«
»Tag und Nacht hab' ich ergötzt
durch mein Singen alle Leut'.«
»Durch dein Singen? Sehr erfreut!
Weißt du was? Dann tanze jetzt!«[6]

4.3.3 D 18 Ameisen als Kraftkönner

Schaut euch die beiden Bilder an! Ihr seht, was Ameisen alles hochheben und transportieren können. Versucht einmal, selbst ganz schwere Lasten zu tragen! Merkt Ihr, dass ihr deutlich weniger als euer Körpergewicht hochheben könnt? Die Ameisen können mehr als ihr eigenes Gewicht schleppen. Probiert einmal aus, etwas Schweres hochzuheben! Aber passt auf, dass ihr nicht zu viel versucht!

---

[6] Quelle: http://gutenberg.spiegel.de/buch/jean-de-la-fontaine-fabeln-4576/36

Abb. 4.3.3 D 18 Ameisen als Kraftkönner

Abb. 4.3.3 D 18 Ameisen als Kraftkönner

4 Gemeinsames Zusammenführen

Zu Beginn wird in der Klasse die Ameisenshow vorgeführt. Nach deren Würdigung durch Applaus wird das Ameisenbuch allen weitergereicht. Der Sitzkreis beginnt mit der Ameisenshow. Kinder, die wollen, dürfen sich vorn auf einem Podest wie Ameisen bewegen.

Anschließend trägt jede Gruppe der Klasse einen Satz zur Thematik „Ameise“ vor.

Abschließend wird an der Wandzeitung geschaut, welche Fragen mittlerweile beantwortet wurden und welche noch ausstehen. Gemeinsam wird überlegt, ob es noch möglich sein könnte, diese noch offenen Fragen zu beantworten. Außerdem wird überlegt, welche Informationen und Abbildungen noch auf der rechten Seite der Wandzeitung ergänzt werden können.

5 Abschlussritual zum Thema

Alle Kinder gehen zum Ameisenhaufen. Jeder darf einen Satz der Bewunderung über die Ameisen sagen, wie z. B. *„Ich bewundere eure Schnelligkeit. Ich könnte nicht so viele Stunden am Tag immer hin und herrennen und dazu noch schwere Lasten tragen“*

Vorbereitungsliteratur für Lehrerinnen und Lehrer

Hölldobler, Bert/Wilson, Edward (2013): Auf den Spuren der Ameisen: Die Entdeckung einer faszinierenden Welt. Wiesbaden: Springer Spektrum.

Jitten, Iris (2010): Ameise, Marienkäfer und Regenwurm: Fächerübergreifende Unterrichtsmaterialien für die Grundschule. Starnsried: Care Line.

Kirchner, Walter (2007): Die Ameisen: Biologie und Verhalten. München: C.H. Beck.

Seifert, Bernhard (2007): Die Ameisen Mittel- und Nordeuropas. Görlitz/Tauer: Lutra Verlag.

Anregungsliteratur für Kinder

Döring, Hans-Günther/Reichenstette, Friederun (2010): Wie Leben die kleinen Waldameisen? Eine Geschichte mit vielen Sachinformationen. Würzburg: Arena Verlag.

Gomel, Luc (2009): Die Ameise. Meine große Tierbibliothek. Stuttgart: Thienemann Esslinger Verlag.

Möller, Anne (2016): Bei den Ameisen. Frankfurt: Fischer Meyers Kinderbuch.

Rigos, Alexandra (2015): Ameisen und Termiten. Fleißige Baumeister. Was ist Was Sachbuch 136. Nürnberg: Tessloff Verlag.

Schaub, Rosa (2011): Ameise Amelie. Klenze Verlag.

http://www.kindernetz.de/oli/tierlexikon/ameise/-/id=75006/nid=75006/did=75140/ps1oqq/(Aufruf 16.6.2016).

4.3.4 Klette

1 Material

- verschiedene Klettfrüchte
- verschiedene Pflanzensamen
- Lupen
- Klettverschlüsse an Kleidung und Schuhen

2 Anfangsritual

Eine Klettfrucht wird langsam von Hand zu Hand im Kreis herumgeben.
Mit Klettenschlangen sollen die Kinder einen Kreis bilden, sich drum herum setzen, am besten im Wald.

3 Differenzierungsformen

Es folgen Anregungen, die den für inklusiven Sachunterricht zentralen Dimensionen wie „Subjektsein – Emotionen", körperbasierte Lernformen, Soziales Lernen, Weite erschließen mehr oder weniger stark entsprechen.

4.3.4 D1 Getragenwerden und Zufälle in meinem Leben

(Geburtsort, Ort des Aufwachsens, Migration) reflektieren

Wo hab ich selber schon 'getragen', d. h. bestimmend Einfluss genommen auf das Schicksal anderer Wesen (Tiere, Haustiere, Pflanzen)

Beides szenisch handelnd ausprobieren, Frage: Was tue ich lieber? Tragen oder getragen werden?

- Kooperationssituationen klein – groß
- Lebenswege, Zufälle, Stagnation und Weiterentwicklung, Ungewissheiten

4.3.4 D2 Lebensweg einer Klettfrucht

Entwicklungsweg einer Frucht von der Herkunftspflanze, dem Abgestreiftwerden, das Umhergetragenwerden im Fell bis zur Landung szenisch spielen, auf großem Papierbogen oder Tuch malen

4.3.4 D3 Die Samenkörnerfamilie (Gruppenarbeit)

Die Kinder lassen sich zu mehreren eng in Stoff einwickeln. Es ist eng und dunkel wie bei den Samenkörnern in der Klettfrucht. In der Turnhalle können die Kinder nun als große 'Stoffkugel' auf einer Weichmatte gefahren werden. Sie landen an einem ungewissen Platz

4.3.4 D4 Lass mich Deine Klette sein!

- sich an ein anderes Kind anhängen,
- Augen schließen (Ungewissheit ertragen, Vertrauen zeigen), bis dieses Kind über Landeplatz entscheidet (evtl. mit Klettbändern unterstützt, die sich bei großer Beanspruchung lösen) oder – Variante: bis sich Kind 'fallen' lässt

4.3.4 D5 Wurfwettbewerb mit Klettfrüchten

Wer trifft am besten auf eine Zielscheibe (mit Kreide auf Wolltuch oder Vlies Zielscheibe malen) ➔ Klettenkönig/in ehren

4.3.4 D6 Klettfruchtmassage 1

Wo landet die Klette? 1 Kind liegt auf Rücken oder sitzt bequem, anderes Kind wirft mit Klettfrüchten auf Rücken (dünnes T-Shirt), liegendes Kind fühlt 'Landeplatz', benennt u. U. Körperteil (Körperschema) („Die Klette landet auf meinem linken Schulterblatt …"),

Klettfruchtmassage 2: Eine Klette im Fell: 1 Kind liegt auf Rücken oder sitzt bequem, anderes Kind massiert mit Klettfrüchten zwischen Hand und Rücken vorsichtig die Klettfrucht in das 'Fell'

4.3.4 D7 „Der hängt an mir wie ne Klette"

Redensart reflektieren

4.3.4 D8 Klettfrüchte untersuchen

- einzelne Klettfrüchte mit der Lupe untersuchen
- mit den Fingerspitzen befühlen
- über den Handrücken streichen
- mit geschlossenen Augen Früchte befühlen
- mit Früchten über die Haut fahren

4.3.4 D9 Draußen Klettpflanzen suchen,

vorsichtig daran entlanggehen (mit verschiedenen Kleidungsstücken, mit bloßer Haut)

4.3.4 D 10 „Klettenornamente“

Die Kinder legen in Gruppen Ornamente mit Klettfrüchten und Blättern auf einem Tuch oder am Boden. Die Ornamente sind Teil der Ausstellung oder werden auf den Ausstellungstisch gelegt.
Rausgehen: mit Klettpflanzen Ornamente auf dem Waldboden bilden

4.3.4 D 11 „Der Fuchs im Gebüsch“

Mit Klettfrüchten an der Kleidung durch Kriechtunnel kriechen, kontrollieren ob Klettfrüchte im Tunnel abgestriffen worden sind (auch draußen im Gebüsch möglich, auf Zecken achten). Klettfrüchte können von anderem Kind angeworfen werden.

4.3.4 D 12 „Klettenboccia (oder Boule)“

Auf ein altes Tablett oder eine glatte Holzfläche wird ein Purzelzwerg (oder ein Tennisball) gelegt. Nacheinander zielen die Kinder mit Klettfrüchten auf den Purzelzwerg (über die Fläche titschen). Wenn eine Klettfrucht hängen bleibt, bekommt der Spieler/die Spielerin einen Punkt.

4.3.4 D 13 „Ein Fuchs erzählt“

Die Kinder schreiben oder verfassen eine Hörgeschichte aus der Sicht eines Fuchses: Was würde ein Fuchs erzählen von seinen Erlebnissen mit Früchten in seinem Fell?

4.3.4 D 14 Ungewissheiten und Zufälle in Lebenswegen von Pflanzen/Menschen reflektieren:

im Gespräch, als Bild darstellen

4.3.4 D 15 „So ein Zufall“

Auf einem großen Papierbogen werden in zwei Strängen die zeitlichen Prozesse von Pflanzenreife und verbreitendem Tier räumlich dargestellt. Im Gespräch wird das Zusammentreffen der beiden Stränge reflektiert.

4.3.4 D 16 Kletten suchen

Schaut euch das Bild an, das ist ein Foto aus Äthiopien in Afrika. Wie viele Kletten könnt ihr auf dem Foto finden?

Abb. 4.3.4 D 16 Kletten suchen

4 Gemeinsames Zusammenführen

Die Kinder präsentieren ihre Arbeitsergebnisse aus den szenischen Aktivitäten. Sie versammeln sich um den Ausstellungstisch. Jede Gruppenaktivität und jede Einzelarbeit wird gewürdigt.

5 Abschlussritual

Es wird draußen ein Ort gesucht, an dem Klettfrüchte gute Wachstumschancen haben. Die Kinder verabschieden sich von Ihrer Klettfrucht. Die Kinder werfen nun ihre Klettfrüchte von einem Punkt aus in verschiedene Richtungen so weit es geht.

Vorbereitungsliteratur für Lehrerinnen und Lehrer

http://www.pflanzenfreunde.com/heilpflanzen/kletten.htm (Aufruf 3.1.17).

https://de.wikipedia.org/wiki/Große_Klette (Aufruf 3.1. 17).

http://www.heilkraeuter.de/lexikon/klette.htm (Aufruf 3.1.17).

http://www.rezepte-und-tipps.de/Lebensmittel/Gewuerze/Kraeuter/. Wildkraeuter/Klette.html (Aufruf 3.1.17).

Anregungsliteratur für Kinder

Starosta, Paul (2016): Samen. Von der Schönheit der Natur. München: Elisabeth Sandmann Verlag.

Starosta, Paul (2007): Samen. Zeitkapseln des Lebens. Bielefeld: Delius Klasing.

4.3.5 Kartoffel

1 Material

Was brauche ich?

Minimal:

- ein Korb mit frisch geernteten Kartoffeln der Klasse
- blickdichtes Tuch
- ein Glas mit geschälten Konservenkartoffeln
- Schuhkartons
- Schere
- Klebstoff
- Verschiedene Kartoffelsorten vom Markt
- Haushaltswaage
- Karteikarten und Stifte
- scharfe Küchenmesser
- Zitronenpresse
- Reibe
- Leinentuch
- Knoblauchpresse
- Holzbretter
- Fleischklopfer
- DIN-A-4 Seiten
- Tacker zum Zusammenheften des selbst erstellten Kartoffelbuches
- Altpapierstapel
- Alter Mixer
- Große Plastikschüsseln zum Anrühren
- Kartoffelstärke
- Kochtopf
- Rührlöffel
- Farbe zum Bemalen der Puppenköpfe
- Stoffreste
- Nadeln
- Nähgarn
- MP-3-Player und kleine Mikrophone, Computer zum Überspielen der Audiodateien

- Salatschleuder
- Saftpressmaschine
- Entsafter
- Eierkocher
- Fleischwolf
- Spiralheftmaschine
- Spiralen zum Binden der Kartoffelbücher
- Farbiges Tonpapier für Buchdeckel

2 Anfangsritual: Das Phänomen „Die Kartoffel“ ist im Fokus

a) Eine mittelgroße längliche Kartoffel liegt in der Sitzkreismitte. Jedes Kind darf sie anfassen, riechen, betasten. Am Schluss soll sie aufrecht ohne Stütze hingestellt werden.

Da die Kartoffel nach mehreren Versuchen immer wieder auf die Seite fällt, soll sie nun von jedem Kind gestützt werden. Man kann sie auf den Oberschenkel legen, sich hinlegen und die Kartoffel auf dem eigenen Bauch liegen lassen, in die geöffnete Handinnenfläche platzieren. Jedes Kind hat die freie Wahl, die Kartoffel mit dem eigenen Körper zu halten. Es ist alles erlaubt, was die Kartoffel mit dem eigenen Körper festhält und nicht fallen lässt. Wer es schafft, kann die Kartoffel auch auf dem Kopf balancieren oder im Ellenbogen einklemmen.

b) Erstellen einer Wandzeitung zum Thema Kartoffeln

Im Anschluss an die Erfahrungsrunde mit dem Phänomen Kartoffel werden Erfahrungen und Wissensbestandteile ausgetauscht. Dabei auftretende Fragen werden notiert und anschließend auf der linken Seite der Wandzeitung zum Thema Kartoffel festgehalten. Die rechte Seite ist für Bilder und Informationen vorbehalten, die im Laufe der Arbeit an der Thematik Kartoffel gesammelt werden.

3 Differenzierungsformen

Es folgen Anregungen, die den für inklusiven Sachunterricht zentralen Dimensionen wie „Subjektsein – Emotionen“, körperbasierte Lernformen, Soziales Lernen, Weite erschließen mehr oder weniger stark entsprechen.

4.3.5 D 1 Kartoffeln erriechen

In der großen Pause werden so viele Kartoffeln im Klassenraum versteckt, wie Kinder in der Klasse sind. Jedes Kind bekommt bei Eintritt in den Klassenraum ein blickdichtes Tuch umgelegt. Kinder mit Beeinträchtigungen in der Motorik dürfen zuerst eintreten bzw. mit dem Rollstuhl hineinrollen. Danach wird das Kind aufgefordert, eine Kartoffel zu erriechen oder zu ertasten. Wer eine Kartoffel gefunden hat, darf das Tuch abnehmen und die eigene Kartoffel genau betrachten.

4.3.5 D2 Kartoffelnamen

Im nächsten Schritt gibt jedes Kind seiner Kartoffel einen Namen. Die Namen werden auf kleine Fotokartonschilder geschrieben. Diese werden zusammen mit den Kartoffeln auf den Ausstellungstisch gestellt.

4.3.5 D3 Kartoffelnamen sammeln (gemeinsame Aktion, anschließende Gruppenarbeit)

Beim Gang über den Wochenmarkt werden verschiedene Kartoffelnamen gesammelt und jeweils Unikate in die Schule mitgenommen. Gruppenweise werden Namensschilder für jede Kartoffelsorte gemacht und auf dem Ausstellungstisch präsentiert. Diese werden zusammen mit den Kartoffeln auf den Ausstellungstisch gestellt. Anschließend dürfen die Gruppen noch neue Kartoffelnamen erfinden und die Kartoffeln auf kleine Karten zeichnen und die dazu gehörigen Namensschilder aufstellen.

4.3.5 D4 Kartoffelschatz finden

Mehrere Kartoffeln werden von der Lehrperson vorher in einer großen Sandkiste auf dem Schulhof bzw. auf dem Spielplatz in Schulnähe vergraben. Die Kinder sollen nun mit Kinderspaten, bloßen Handflächen, Spielzeugharken und kleinen Plastikeimern auf Schatzsuche gehen und die Kartoffeln herausbuddeln

4.3.5 D5 Kartoffelolympiade

Jede Gruppe darf sich eine Wettbewerbsdisziplin für zehn Kartoffeln aus dem Kartoffelkorb ausdenken, sie kann die kleinste, größte, dickste, schwerste, unförmigste oder schönste Kartoffel aussuchen und die anderen dann entsprechend als zweit kleinste, dritt kleinste etc. dahinter aufstellen. So erhalten die Kartoffeln je nach Gruppenentscheidung Gold-, Silber- und Bronzemedaillen für Schönheit, Dicke, Gewicht etc. Die Reihe der drei Olympiasieger jeder Gruppe wird auf dem Ausstellungstisch aufgestellt.

4.3.5 D6 Kartoffelratespiel

Vor den Kindern steht ein Korb mit Kartoffeln. Jedes Kind darf sich aussuchen, welche Kartoffel es selber sein will. Dann muss es den anderen aus der Gruppe mit dem ganzen Körper diese Kartoffel vorspielen. Die anderen Kinder müssen raten, welche Kartoffel dieses Kind wohl dargestellt hat.

4.3.6 D 7 Kartoffelrezepte zusammenstellen

Alle Kinder der Klasse haben mehrere Tage Zeit, zu Hause und in der Nachbarschaft die Leute zu fragen, welche Kartoffelrezepte sie haben und diese auf Karteikarten zu notieren. Für Kinder, denen das Schreiben schwer fällt, gibt es die Möglichkeit, auf MP3-Player die Rezepte als Audio-Datei aufzunehmen.

4.3.6 D 8 Kartoffelspeisen herstellen

Vor den Kindern steht ein Korb mit Kartoffeln und eine Sammlung von Kartoffelrezepten, welche die Kinder bei Befragungen im Wohnviertel zusammengestellt haben. Jede Gruppe darf sich aussuchen, nach welchem Rezept sie eine Kartoffelspeise zubereitet haben. Frisch gemachte Kartoffelchips, Kartoffelgratin, Kartoffelsalat, Kartoffelpuffer, Pommes Frites aus frischen Kartoffeln oder auch einfach Pellkartoffeln mit Kräuterquark sind nur einige der Möglichkeiten.

4.3.6 D 9 Kartoffeln entwässern

In der Gruppe wird eine Kartoffel halbiert, alle Kinder spüren über die Schnittstelle und stellen fest, wie feucht sie ist. Nun bekommen alle Kinder eine Kartoffel und müssen versuchen, das Wasser aus ihrer Kartoffel herauszupressen. Sie können dazu verschiedene Hilfsmittel nehmen wie Zitronenpresse, Reibe, Leinentuch, Knoblauchpresse, Fleischklopfer, Holzbretter u.v.a.. Zusätzlich ist es auch möglich, das Entwässern einer Kartoffel mit einer Salatschleuder oder einer Saftpressmaschine und anderen Haushaltsgeräten zu versuchen.

4.3.6 D 10 Kartoffeln auf dem Kopf balancieren

Jedes Kind sucht sich eine Kartoffel aus dem großen Korb aus. Es sollte eine Kartoffel ausgewählt werden, die man möglichst gut auf dem Kopf balancieren kann. Dann gehen alle mit ihrer ausgewählten Kartoffel auf den Schulhof. Dort malen zwei Kinder mit Kreide einen Weg. Währenddessen können alle schon mal üben, mit der Kartoffel auf dem Kopf zu gehen, ohne dass die Kartoffel herunter fällt. Anschließend stellen sich die Kinder jeweils zu zweit nebeneinander auf den Weg und versuchen, so weit wie möglich auf dem Weg mit der Kartoffel auf dem Kopf balancierend voran zu gehen.

Diese Übung kann auch so gemacht werden, dass einige Kinder auf dem Weg mit der Kartoffel auf dem Kopf balancieren und andere an der Seite stehen und beim Aufheben helfen, wenn die Kartoffel herunter gefallen ist, damit die Balancierenden weiter vorsichtig aufrecht gehen können.

4.3.6 D 11 Kartoffelsorten recherchieren

Einige Kinder dürfen in Büchern und im Internet recherchieren, welche verschiedenen Kartoffelsorten es gibt, dazu malen sie Bilder und beschriften diese. Sie dürfen soviel Informationen dazu schreiben, wie sie selbst gefunden haben. Aus den verschiedenen Seiten wird zusammen ein eigenes Kartoffelbuch erstellt.

4.3.6 D 12 Jedes Kind als eine Kartoffel

Alle Kinder einer Gruppe dürfen sich aus dem Kartoffelkorb eine Kartoffel genau ansehen. Anschließend wird in der Kreismitte diese Kartoffel dargestellt. Die anderen Kinder der Gruppe müssen raten, welche Kartoffel dieses Kind sich wohl zur Darstellung ausgesucht hat.

4.3.6 D 13 Verrückte Ideen mit Kartoffeln

Alle Kinder der Gruppe schauen sich gemeinsam das Buch „Kartoffeln in Pantoffeln“ an. Jedes Kind darf sich etwas Verrücktes ausdenken, was Kartoffeln im Keller alles tun könnten. Jedes Kind darf seine Idee malen und dazu auch schreiben. Gemeinsam mit den anderen Kindern werden die Seiten gesammelt und geheftet. Auf die Titelseite kommt der Titel „Verrückte Ideen mit Kartoffeln“, wenn die Kinder der Gruppe eine bessere Idee für den Titel haben, können sie diese dann auf die Titelseite mit großen Buchstaben schreiben.

4.3.6 D 14 Puppen aus Kartoffelstärke

Abb. 4.3.6 D 14 Puppen aus Kartoffelstärke

Zeitungspapier wird in Schnitzel verkleinert und mit warmem Wasser vermengt. Diese Mischung soll einen Tag durchweichen und stehen gelassen werden. Am folgenden Tag wird der Papierbrei mit einem alten Mixer, der nicht mehr in der Küche gebraucht wird, fein geschlagen. Anschließend wird Kartoffelstärke mit etwas Wasser verrührt, dann wird alles in einen Topf gegeben und mit noch mehr Wasser bei ständigem Umrühren zu einem festen glibberigen Brei verrührt. Diese gallertartige Masse wird mit dem Papierbrei gemischt. Nun können aus dem Kartoffelstärke-Papierbreigemisch Puppenköpfe geformt werden. Als Hals wird ein kleines Pappröhrchen aus Toilettenpapierrollen in den noch weichen Kopf hineingesteckt. Anschließend – nach dem Trocknen- werden die Gesichter der Puppen bemalt und aus Stoffresten Kleidung geschnitten.

4.3.6 D 15 Kartoffeln in der Welt

Kartoffeln finden wir überall in der Welt. Schaut euch das Foto an! In welchem Land werden Kartoffeln auch angeboten?

Abb. 4.3.6 D 15 Kartoffeln in der Welt

4 Gemeinsames Zusammenführen

Zunächst erfolgt ein abschließender Gesprächskreis zur differenzierten Arbeit.

Zur Eröffnung des Gesprächskreises wird das selbst gemachte Kartoffelbuch einer Gruppe der Klasse zum Ansehen herumgereicht.

Im Hauptteil der Zusammenführung stellt jedes Kind noch einmal körpersprachlich seine Kartoffel vor. Die Klasse bildet sozusagen einen Kartoffelhaufen aus Kindern.

Anschließend werden die Olympiasieger der Kartoffeln angeschaut und nachträglich diskutiert, in welcher Disziplin die jeweilige Gruppe wohl den Wettbewerb ausgeführt hat.

An der Wandzeitung wird geschaut, welche Fragen mittlerweile beantwortet wurden und welche noch ausstehen. Gemeinsam wird überlegt, ob es noch möglich sein könnte, diese noch offenen Fragen zu beantworten. Außerdem wird überlegt, welche Informationen und Abbildungen noch auf der rechten Seite der Wandzeitung ergänzt werden können.

5 Abschlussritual zum Thema

Alle Kinder sitzen im Sitzkreis. Jedes Kind spielt für die Klasse mit ihrem Körper eine Kartoffel vor. Die anderen sollen die gespielte Kartoffel aus dem großen Korb hochhalten. Erst wenn die Klasse die richtige Kartoffel geraten hat, darf das nächste Kind seine Kartoffel spielen. Am Schluss jeder Vorstellung gibt es Beifall.

In der zweiten Abschlussrunde geht es um Kartoffelspeisen. Jede Gruppe hat ausreichend Zeit, seine eigene Kartoffelspeise herzustellen. Sie gibt anschließend Proben der eigenen selbst hergestellten Kartoffelspeise in die Runde. Gemeinsam wird an den Gruppentischen gegessen. Dabei tauschen sich die Kinder in den Gruppen aus. Jede Gruppe darf sich drei Sätze zu den Kartoffelspeisen ausdenken. Ein Kind darf dann anschließend im gemeinsamen Sitzkreis diese drei Aussagen der gesamten Klasse vortragen.

Vorbereitungsliteratur für Lehrerinnen und Lehrer

Buhr, Helene (2006): Die Kartoffel. Magdeburg: VerlagsKG Wolf.

Haslinger, Ingrid (2009): 'Es möge Erdäpfel regnen': Eine Kulturgeschichte der Kartoffel. 2. Aufl. Wien: Mandelbaum Verlag.

Kaiser, Astrid (2014): Praxisbuch handelnder Sachunterricht Band 4. Baltmannsweiler: Schneider Verlag, S. 102–111 (Pflanzen).

Stamp, Hans Peter (2013): … und weiß wie Alabaster: Eine Kulturgeschichte der Kartoffel. Kiel: Wachholtz Verlag.

Anregungsliteratur für Kinder

Fischer-Nagel, Heiderose / Fischer-Nagel, Andreas / Kipping, Petra (2004): Kartoffeln hin, Kartoffeln her: Eine Pflanze erobert die Welt. 6. Aufl. Spangenberg-Metzebach: Verlag Heiderose Fischer-Nagel.

Niemann, Christoph (2013): Der Kartoffelkönig. Berlin: Jacoby & Stuart.

Schneider, Antonie / Pin, Isabel (2011): Kartoffeln in Pantoffeln. Berlin: Aufbau Verlag.

4.4 Sich-Wundern-Themen

4.4.1 Zauberei

1 Material

Minimal:

- Teebeutel, Streichhölzer
- Tonpapier, Scheren
- Bürogummis, Büroklammern
- Streichholzschachteln
- kleine Glöckchen
- Zeitungen

2 Anfangsritual: Zauberschwur

Zauberei in der Schulklasse lebt davon, dass alle Kinder ein Geheimnis teilen. Daher sollte Zaubern immer ein Klassenthema sein und nicht mit Teilgruppen umgesetzt werden. Werden Zaubertricks erarbeitet, dürfen alle in der Klasse wissen, wie der Trick funktioniert, aber es darf sie kein Kind verraten. Dies hat eine starke Wirkung auf den sozialen Zusammenhalt in der Klasse. Um dies einzuleiten und zu unterstützen, empfiehlt es sich, im Kreis z. B. einen kurzen Zauberschwur zu sprechen, er kann auch mit einem Lied oder einer ritualisierten Bewegung verknüpft werden. Ein Zauberschwur kann auch gemeinsam erfunden werden und auf der ersten Seite eines im Projektverlauf erstellten Zauberbuches stehen. Er sollte aussagen, dass alle dazu bereit sind, ein gemeinsam geteiltes Geheimnis in der Gruppe zu bewahren.

3 Differenzierungsformen

Es folgen Anregungen, die den für inklusiven Sachunterricht zentralen Dimensionen wie „Subjektsein – Emotionen“, körperbasierte Lernformen, Soziales Lernen, Weite erschließen mehr oder weniger stark entsprechen.

4.4.1 D 1 Zaubern macht stark

Was würde ich für mich zaubern wenn ich könnte? Was würde ich für andere zaubern? Geschichten schreiben.

4.4.1 D 2 Zaubergeschichten

Die besten Zaubertricks sind in der Regel nicht die vorgefertigten aus dem Handel, sondern solche, die mit einfachen Alltagsmaterialen selbst hergestellt werden können, aber viel Anregungen und Freiraum für das Erfinden von Geschichten um das Trickgeschehen herum bieten. Selbst das einfache Zusammenhüpfen zweier

Büroklammern (Anleitung u.a. http://www.lesa21.de/lernen/z/zirkus/versuche/versuch6/) kann so in eine fesselnde Bühnenpräsentation eingebunden sein.

Trickanleitungen hierzu und zu vielen anderen einfachen aber wirkungsvollen Tricks sind außerdem im Netz oder in verschiedenen Karteien und Büchern (s.u.) zu finden. Genauso wichtig wie die Trickhandlung ist aber das Erfinden von Geschichten drum herum (Neumeyer 2009; Seitz 1998).

Wenn eine spannende Geschichte um das Zusammenfinden zweier Figuren o. ä. dazu erfunden wurde, können diese auch ausgeschmückt und aufgeschrieben werden oder in kleinen Gruppen eine kurze Spielhandlung erfunden werden, sodass der Trick im Rahmen einer Geschichte aufgeführt werden kann.

4.4.1 D3 „Der Zauberlehrling"

Hat der alte Hexenmeister
sich doch einmal wegbegeben!
Und nun sollen seine Geister
auch nach meinem Willen leben.
Seine Wort und Werke
merkt ich und den Brauch,
und mit Geistesstärke
tu ich Wunder auch.

Walle! walle
Manche Strecke,
daß, zum Zwecke,
Wasser fließe
und mit reichem, vollem Schwalle
zu dem Bade sich ergieße.

Und nun komm, du alter Besen!
Nimm die schlechten Lumpenhüllen;
bist schon lange Knecht gewesen:
nun erfülle meinen Willen!
Auf zwei Beinen stehe,
oben sei ein Kopf,
eile nun und gehe
mit dem Wassertopf!

Walle! walle
manche Strecke,
daß, zum Zwecke,
Wasser fließe
und mit reichem, vollem Schwalle
zu dem Bade sich ergieße.

Seht, er läuft zum Ufer nieder,
Wahrlich! ist schon an dem Flusse,
und mit Blitzesschnelle wieder
ist er hier mit raschem Gusse.
Schon zum zweiten Male!
Wie das Becken schwillt!
Wie sich jede Schale
voll mit Wasser füllt!

Stehe! stehe!
denn wir haben
deiner Gaben
vollgemessen! –
Ach, ich merk es! Wehe! wehe!
Hab ich doch das Wort vergessen! (Johann Wolfgang von Goethe)

Überlegt: Mit welchem Zauberspruch könnte der Besen zur Ruhe kommen?

4.4.1 D4 Kann ich mich selber schwer zaubern?

Entspannungsübung: Kann ich mich nur mit meiner Vorstellungskraft schwer zaubern? Ein Körperteil nach dem andren wird unendlich schwer …

4.4.1 D5 Hexen und weise Frauen

Frauen, die medizinisches Wissen hatten über Heilkräuter, Geburtshilfe usw. wurden manchmal als Hexen bezeichnet und bestraft. Warum hat das Wissen der weisen Frauen wohl anderen Menschen Angst gemacht? Waren Hexen immer Frauen? Sind Menschen mit besonders viel Wissen heute auch noch in Gefahr, bestraft zu werden?

4.4.1 D6 Geheimnisse:

„Wissen ist Macht“ so lautet ein altes Sprichwort. Beim Zaubern gilt das unbedingt, denn wer den Zaubertrick kennt, hat die Macht die anderen zu täuschen. Zaubern lebt geradezu vom Besserwissen. Dies gilt aber auch in anderen Bereichen. So wurden im Mittelalter Gottesdienste in der Kirche auf Latein gehalten. Die meisten Menschen konnten also die Worte nicht verstehen. Sprecht in der Klasse über gute und schlechte Geheimnisse.

4.4.1 D7 Zaubermasken

In vielen Ländern gibt es Masken, die Veränderungen bewirken sollen. Sie sollen vor Tod schützen, ins Jenseits begleiten, Feinde abwehren oder Glück bewirken.

Schaut euch diese Goldmaske aus Kolumbien an! Welche Zauberwirkung wurde ihr vielleicht zugesprochen?

Abb. 4.4.1 D7 Zaubermasken

4 Gemeinsames Zusammenführen

Ein Zauberprojekt in der Klasse kann mit Texten, Bildern und Fotos dokumentiert werden und der Öffentlichkeit zugänglich gemacht werden. Alternativ kann aber auch in der Klasse gemeinsam ein geheimes Zauberbuch hergestellt werden, das nur der Klasse zugänglich ist. Hier werden dann auch Trickanleitungen gesammelt.

5 Abschlussritual

Als Abschlussritual eignet sich der Wunschzauber. Hierfür kann ein kleines Tischfeuerwerk verwendet werden (falls dies im Klassenraum nicht erlaubt ist, geht das auch draußen). Viel einfacher und wirkungsvoller ist aber der Teebeuteltrick („Feenrakete“; Neumeyer 2009, S. 166). Dieser eignet sich auch um gemeinsame Wünsche für die Klasse oder für einzelne Kinder auszusprechen.

Eine großartige Möglichkeit für den Abschluss einer längeren Arbeit mit der Zauberei bietet eine Präsentation mit Arbeitsergebnissen und einer Aufführung.

Achtung: Diese müssen gut geübt sein. Zaubern auf der Bühne ist anspruchsvoll. Daher bietet es sich für die Vorführung an, eine Aufführungsform zu entwickeln, bei der jedes Kind auf der Bühne Verantwortung hat: ein Kind erzählt eine Spielhandlung, zwei oder drei spielen, ein oder zwei führen die Trickhandlung aus. Spielgeschichten lassen Zaubertricks zur Wirkung kommen, geben mehreren Kindern die Möglichkeit, an einer Aufführung aktiv beteiligt zu sein und sind sehr phantasieanregend. Für den Gruppenzusammenhalt kann es auch hilfreich sein, einen Zaubertrick oder eine kleine Zauberhandlung mit der gesamten Klasse vorzuführen, z. B. „Ein Bein wegzaubern" oder „Die Zauberpalme" (Neumeyer 2009, S. 121; S. 144).

Da in den medialen Darstellungen immer noch mehrheitlich männliche Zauberer präsent sind und Frauen hier eher in assistierenden Rollen zu sehen sind, ist es bei der Konzeption von Zauberaufführungen in der Klasse besonders wichtig, darauf zu achten, dass wir diese Klischees nicht wiederholen, sondern den Kindern die Freiheit geben, um die Geschichten herum Zauberrollen jenseits von Geschlechterstereotypien für sich zu finden.

Zauberei muss daher auch nicht unbedingt mit den klassischen Kostümen und Requisiten (Zylinder usw.) präsentiert werden, auch Nudelhölzer, Lineale und besondere gefundene Äste geben beispielsweise hervorragende Zauberstäbe ab. Eine lebendige Zauberaufführung, die Kinder stärkt, lebt eher von den Geschichten rund um einen verblüffenden Zaubertrick.

Vorbereitungsliteratur für Lehrerinnen und Lehrer

Busse, Heike (2010): Zauberhaftes Lernen: Ein pädagogischer Leitfaden für das Zaubern mit Kindern. Dortmund: Borgmann.

Neumeyer, Annalisa (2009): Mit Feengeist und Zauberpuste: Zauberhaftes Arbeiten in Pädagogik und Therapie. Lambertus Verlag.

Neumeyer, Annalisa (2015): Wie Zaubern Kindern hilft. Kinder fordern uns heraus. Stuttgart: Klett-Cotta.

Seitz, Simone (1998): Zauberei – das Unbegreifliche erfahren ohne das Staunen zu verlieren. In Pütz, Günter u. a. (Hrsg.): An Wunder glauben … . Die Kunst der Psychomotorik, das Unbegreifliche erfahrbar zu machen. Dortmund: Borgmann, S. 341–358.

http://www.lesa21.de/lernen/z/zirkus/versuche/versuch6/.

Anregungsliteratur für Kinder

Auer, Margit (2015): Die Schule der magischen Tiere. Hamburg: Carlsen Verlag.

Auer, Martin (2013): Der Zauberer von Oz. Weinheim: Beltz & Gelberg.

Storm, Theodor (2014): Die Regentrude. Stuttgart: Urachhaus Verlag.

Preußler, Otfried (2008): Krabat. München: dtv Verlagsgesellschaft.

4.4.2 Licht-Schatten

1 Material

Was brauche ich?

- Taschenlampen
- große dichte Decke
- drei verschiedene Stofftiere
- viele Schuhkartons
- Scheren
- kleine Spielfiguren
- Klebstoff
- farbiges Transparentpapier
- Gummiringe
- viele Stücke transparentes Bonbonpapier
- weiße Tonpapierbögen DIN A2
- tragbarer Scheinwerfer
- MP3-Player mit Lautsprecher
- Material für Blindenskulpturen: Stoffreste, Wolle, Styropor, Nägel, Pappe, Filzstoff, Watte, Klebstoff, Kleister, Glaskugeln (Murmeln), Plastikdraht, Silberdraht, Holzperlen, Holzstückchen, Tannenzapfen etc.
- Tageslichtprojektor
- Weiße Leinwand
- Decke
- Großer schwarzer Fotokartonbogen
- Lichtkiste: Schuhkarton mit mehreren Taschenlampen, mehrere Bögen farbiges transparentes Papier oder farbige Folie, Gummiringe zum Befestigen der Farbfolien an den Taschenlampen
- Weiße DIN-A4-Seiten
- Stifte
- Bücher
- Internetfähiger Computer/Notebook/Tablet
- Tacker mit Heftklammern
- starker Scheinwerfer
- große Leinwand
- Spiralbindemaschine
- Spiralen

- Blätter
- Holzstücke
- kleine Zweige
- Papier
- Bambusstäben
- Bambus
- Bambusschnur/Bambusfäden
- Blumen
- Silberpapier
- Goldpapier
- Teelicht

2 Anfangsritual: Orientierung im Dunkeln

Mehrere Tische werden in der Kreismitte zusammengestellt und mit einer Decke bedeckt, die drei Stofftiere werden verteilt, mehrere Kinder dürfen unter die Decke kriechen. Sie müssen im Dunkeln tasten, bis sie die Stofftiere erfühlen. Die Stofftiere werden zurück gelassen, die Kinder beschreiben den anderen die Lage. Die nächsten Kinder, die freiwillig unter die Decken kriechen wollen, dürfen anschließend ins Dunkle kriechen und nach den Stofftieren tasten. Wenn alle Kinder, die wollten, unter der Decke waren, dürfen einzelne mit der Taschenlampe unter die Decke kriechen und berichten, wie der Unterschied war mit Taschenlampe und ohne.

Anfangsritual, zweiter Schritt: Schattenspiele draußen

Alle Kinder gehen an einem sonnigen Vormittag auf den Schulhof und betrachten ihre Schatten. Gemeinsam wird das Spiel „Schattentreten" gespielt. Dabei versucht jedes Kind, auf so viel wie möglich Schatten der anderen Kinder zu treten oder diese mit dem Rollstuhl zu berühren. Die anderen versuchen, dies zu vermeiden und so geschickt sich zu bewegen, dass der eigene Schatten außerhalb der Reichweite von den Füßen anderer Kinder ist.

Auswertung: Wandzeitung erstellen

In der Mitte steht das Wort Licht und Schatten. Auf die linke Seite werden immer wieder neue Fragen der Kinder zum Thema geschrieben oder aufgeklebt. Immer, wenn etwas erklärt ist, oder Kinder herausgefunden haben, warum etwas so oder so geht beim Thema „Licht und Schatten" wird ein Antwortzettel beschrieben und über die Frage als Klappe geklebt, so dass die ursprüngliche Frage noch sichtbar ist. Die Antwortzettel werden auf Papier von einer anderen Farbe geschrieben. So ist von Weitem sichtbar, wie viele Fragen bereits beantwortet worden sind und welche noch offen stehen.

Die rechte Seite ist für Fotos, Skizzen und Zeichnungen sowie weitere Informationen vorbehalten, die im Laufe der Arbeit zur Thematik „Licht und Schatten“ gesammelt werden.

3 Differenzierungsformen

Es folgen Anregungen, die den für inklusiven Sachunterricht zentralen Dimensionen wie „Subjektsein – Emotionen“, körperbasierte Lernformen, Soziales Lernen, Weite erschließen mehr oder weniger stark entsprechen.

4.4.2 D1 Zwei Kinder – ein Schatten

An einem sonnigen Morgen gehen die Kinder gruppenweise auf den Schulhof und stellen sich so auf, dass von zwei Kindern nur ein Schatten sichtbar ist.

4.4.2 D2 Schattenkreis

An einem sonnigen Morgen gehen die Kinder gruppenweise auf den Schulhof und stellen sich so auf, dass von der gesamten Gruppe ein Schattenkreis sichtbar ist.

4.4.2 D3 Schattenbegrüßung ohne Berührung

An einem sonnigen Morgen gehen die Kinder gruppenweise auf den Schulhof und versuchen sich zu stellen, dass die Schatten sich die Hand geben, aber die Kinder in Wirklichkeit voneinander entfernt stehen.

4.4.2 D4 Schattenpyramide

An einem sonnigen Morgen gehen die Kinder gruppenweise auf den Schulhof und versuchen sich zu stellen, dass ihre Schatten eine Pyramide bilden.

4.4.2 D5 Dunkelkiste

Jede Gruppe befestigt mit Klebstoff Figuren im Schuhkarton. Anschließend wird an der Seite ein kleines Guckloch geschnitten und in den Deckel ein kleiner Schlitz für den Lichteinfall. Jedes Kind darf die Dunkelkiste in unterschiedlichem Winkel zur Lampe in der Hand halten und durch das Guckloch hinein schauen und erzählen, was es drinnen sieht.

Gemeinsam wird in der Gruppe überlegt, warum die Kinder unterschiedliche Figuren gesehen haben.

4.4.2 D6 Lichtschrift

Der Klassenraum wird verdunkelt. Jeweils ein Kind bekommt eine Taschenlampe und darf an die Decke schreiben oder Zeichen zeichnen. Die anderen müssen raten, welches Wort oder welches Zeichen nur mit Lichtstrahlen an die Decke geworfen worden ist. Wer es zuerst herausgefunden hat, darf als nächstes die Taschenlampe in der Hand halten und Geheimzeichen an die Zimmerdecke werfen.

4.4.2 D 7 Farben mischen

Der Klassenraum wird verdunkelt. Jeweils drei Kinder bekommen eine Taschenlampe und dazu farbiges Transparentpapier, das wird um die Glühbirne der Taschenlampe gewickelt und mit Gummiband an der Taschenlampe befestigt. Dann wird die Lampe mit dem gelben und die mit dem roten Transparentpapier auf denselben Punkt gerichtet. Die anderen Kinder beobachten genau, welche Farbe sie nun sehen. Anschließend werden blau und gelb, rot und blau und andere Farbkombinationen erprobt.

4.4.2 D 8 Bonbonpapierschatten

Die Kinder dürfen sich vom Haufen der transparenten Bonbonpapiere mindestens je drei Stück aussuchen und sie mit der Schere zu Formen wie Herz, Baum, Pilz, Stern oder Buchstaben schneiden.

Auf einen großen weißen Papierbogen werden jetzt die ausgeschnittenen Bonbonpapiere gelegt. Die Kinder können nun die anderen fragen, welche der Bonbonpapierfiguren nun über- oder unter eine andere gelegt werden soll.

Im zweiten Abschnitt werden die Bonbonpapierfiguren auf den Tageslichtprojektor gelegt und an die Wand geworfen. Jetzt können die Gruppen auch ganze Landschaften oder Bilder mit den ausgeschnittenen Bonbonpapieren legen.

4.4.2 D9 Pflanzentanz zum Licht (als gemeinsame Aktion von zwei Gruppen oder auch der gesamten Klasse)

Kressesamenkörner werden auf angefeuchteter Watte in einer kleinen Schale zum Keimen gebracht. Wenn die Keimlinge schon zwei Zentimeter hoch sind, wird ein Karton darüber gelegt und an der Seite ein kleines Loch geschnitten. Bald können die Kinder sehen, dass die kleinen Kressepflänzchen sich in Richtung des Lichteinfalls bewegen. Die Kinder beobachten auch bei anderen Pflanzen, wie sie sich immer wieder dem Licht zuwenden und dorthin wachsen.

Nun kann sich jedes Kind überlegen, welche Pflanze es sein will. Alle Pflanzen stehen, liegen oder hocken in der Kreismitte. Die Lehrerin schaltet meditative Musik ein und reguliert das Licht, indem sie den Scheinwerfer langsam hin und her schwenkt. Die Kinder bewegen sich wie Pflanzen immer nach dem Licht hin.

4.4.2 D 10 Blindenskulptur machen

Die Kinder wissen, dass Blinde das Licht nicht sehen können, sondern alles ertasten müssen. Sie sollen nun eine Skulptur eines hell erleuchteten Objektes machen. Dazu können verschiedene Materialien gewählt werden. Die Gruppe muss vor Beginn der plastischen Arbeit einen groben Plan entwickeln und danach die Skulptur schrittweise aufbauen.

4.4.2 D 11 Schattentheater

Jede Gruppe denkt sich eine Theatergeschichte aus. Dazu werden aus Papier Spielfiguren und Szeneriebestandteile – wie Bäume, Häuser, Autos, Schloss, Kirche, Brücke, Tiere ausgeschnitten. Auf dem Tageslichtprojektor werden die für die jeweilige Szene benötigten ausgeschnittenen Figuren gelegt und mit den Fingern bewegt. Die dazu gehörigen Dialoge werden als Stegreifspiel erprobt. Die Theaterszenen werden an eine weiße Leinwand projiziert.

4.4.2 D 11 Mein Schatten und Du

Jeweils zwei Kinder gehen paarweise auf den Schulhof bei Sonnenschein. Ein Kind spielt sich selbst, das andere soll seinen Schatten darstellen, es muss dicht an den Füßen des ersten Kindes stehen und sich so bewegen oder strecken, dass es möglichst genau so wie der Schatten aussieht. Die beiden – Kind und „Schatten“ – können allmählich versuchen, weitere Bewegungen mit Armen und Beinen auszuführen und müssen immer wieder versuchen, dass das Schattenkind den Schatten des ersten Kindes möglichst genau darstellt.

4.4.2 D 12 Lichtshow

Nehmt die farbigen durchsichtigen Folien und die Taschenlampen! Verdunkelt mit der Decke die Höhle unter einem Tisch! Kriecht als kleine Gruppe mit der Lampenkiste unter den Tisch! Stellt den schwarzen Fotokartonbogen an eine Seite der Höhle und plant dann, welche Lichtstrahlen in welchen Farben auf den Fotokarton leuchten sollen. Probiert es aus! Wenn ihr mit eurer Planung fertig seid, dürft ihr andere Kinder der Klasse einladen, eine Lichtshow unter dem Tisch in der verdunkelten Höhe zu sehen.

4.4.2 D 13 Lichtbuch

Eine kleine Gruppe findet sich zusammen, die gerne mehr über Licht und Schatten wissen will. Sie arbeiten an einem selbst erstellten Wissensbuch. Dazu recherchieren sie im Internet und in Büchern. Es werden immer wieder neue Seiten gezeichnet und beschriftet und zum Schluss zu einem Wissensbuch zusammengeheftet.

4.4.2 D 14 Lichtwunder

Was mag auf diesem Foto zu sehen sein? Woher kommen Licht und Schatten auf dem Foto?

Abb. 4.4.2 D 14 Lichtwunder

4.4.2 D 15 Rätselfoto

Wie ist dieses Foto wohl entstanden? Was kann man sehen? Woher kommen die Schatten?

Abb. 4.4.2 D 15 Rätselfoto

4.4.2 D 15 Butterlampe

Dies ist eine Butterlampe in einem Tempel in Tibet. Kann man Schatten erkennen? Wenn nein: Warum sieht man keine Schatten? Zeichnet eine Butterlampe mit Licht und Schatten!

Abb. 4.4.2 D 15 Butterlampe

4.4.2 D 16 Licht in der Salzkathedrale

Dies sind Bilder aus der unterirdischen Salzkathedrale in Kolumbien. Durch Beleuchtung wird immer wieder ein anderer Eindruck hergestellt. Nehmt eine Taschenlampe und legt vor die Glühbirne verschiedenfarbiges Transparentpapier! Verdunkelt den Klassenraum und lasst den Raum in verschiedenem Licht erstrahlen!

Abb. 4.4.2a D 16 Licht in der Salzkathedrale

Abb. 4.4.2b D 16 Licht in der Salzkathedrale

Abb. 4.4.2 D 17 Lichterboote zum Mondscheinfest

4.4.2 D 17 Lichterboote zum Mondscheinfest

In Südostasien wird der Vollmond besonders gefeiert. Einmal im Jahr gibt es das große Vollmondfest. Dazu werden kleine Boote aus Blättern, Holzstücken, kleinen Zweigen, Papier, Bambusstäben, Blumen und glitzerndem Papier gebaut. Sie werden mit Kerzen auf den Fluss oder See gelegt und sollen Glück bringen, wenn sie flussabwärts gleiten. Manche Boote sind richtig groß, manche passen in eine Hand. Oft sind Opfergaben auf den Booten. Baut selber ein solches Boot, das eine brennende Kerze tragen kann! Versucht, ein solches selbst gebautes Boot aufs Wasser zu setzen!

4.4.2 D 18 Abendlicht

Im Abendlicht wird alles in rot-braune Farben getönt. Überlegt euch, wie dieses Bild wohl am helllichten Tag aussieht und malt den Baum, den Himmel und die Landschaft in den Farben des Tages!

Abb. 4.4.2 D 18 Abendlicht

4 Gemeinsames Zusammenführen

Die Übung mit den übereinander gelegten Bonbonpapierfiguren (D8) kann nun auf dem Tageslichtprojektor wiederholt werden. Jede Gruppe stellt vor, welche Farb- und Formkonstellation sie gefunden hat.

An der Wandzeitung wird geschaut, welche Fragen mittlerweile beantwortet wurden und welche noch ausstehen. Gemeinsam wird überlegt, ob es noch möglich sein könnte, diese noch offenen Fragen zu beantworten. Außerdem wird überlegt, welche Informationen und Abbildungen noch auf der rechten Seite der Wandzeitung ergänzt werden können.

5 Abschlussritual zum Thema

Der Raum wird verdunkelt und die Blindenskulpturen der Gruppen werden reihum zum Tasten weiter gereicht. Zum Schluss werden alle Skulpturen in die Mitte des Sitzkreises gestellt und mit Taschenlampen angeleuchtet.

Abschließend dürfen die Gruppen ihr Schattentheater der ganzen Klasse vorführen.

Vorbereitungsliteratur für Lehrerinnen und Lehrer

Borchert, Stefanie (2006): Lernwerkstatt Licht und Schatten. Kerpen: Kohl Verlag.

Kaiser, Astrid (2012): Praxisbuch handelnder Sachunterricht Band 1. 13. Auflage, Baltmannsweiler: Schneider Verlag, S. 58–69.

Krumbach, Monika (2013): Von Farbe, Licht und Schatten: Optische Phänomene in spannenden Spielen, verblüffenden Experimenten, fantasievollen Bastelaktionen, aufregenden Exkursionen und Informationen mit Kindern erleben. Münster: Ökotopia Verlag.

Murmann, Lydia (2002): Physiklernen zu Licht, Schatten und Sehen. Eine phänomenografische Untersuchung in der Primarstufe. Berlin: Logos Verlag.

Anregungsliteratur für Kinder

Autorenteam (2013): Der Kinder Brockhaus. Erste Experimente rund um Licht und Schall. Gütersloh: wissenmedia.

De Hugo, Pierre/Naoura, Salah (1998): Licht an! Tief im Meer. 4. Aufl. Frankfurt: Fischer. Meyers Kinderbuch.

Kaiser, Astrid/Oubaid, Nadja (2016): Vom kleinen Schwein, das sich nicht schmutzig machen will. Oldenburg: Isensee Verlag.

Novelli, Luca/Braun, Anne (2006): Edison und die Erfindung des Lichts. Würzburg: Arena Verlag.

Weidentraum, Inge (2013): Ich, Mama und die Schatten-Menschen. Willebadessen: Zwiebelzwerg Verlag.

4.4.3 Internet

1 Material

Was brauche ich?

- Kinderbücher zur Thematik Medien und Internet
- Beamer, Leinwand und internetfähige Computer
- viele internetfähige Tablets, für jede Partnergruppe eines
- Stimmzettel in drei verschiedenen Farben für jedes Kind
- Speicherplatz im Internet
- Leicht handhabbares Websiteerstellungsprogramm und Zugangspasswort
- Digitale Kamera mit Speichermedien
- Notebook mit Speichermedienport
- Fotoprogramm
- Digitale Filmkamera
- Filmschnittprogramm
- Whiteboard
- Löschschwamm für Whiteboard
- Beamer
- externe Festplatte
- Cardreader

2 Anfangsritual: Vorstellen von Lieblingsseiten

Jedes Kind darf sich eine Woche lang überlegen, was es gerne anderen im Internet zeigen will. Alle wissen, dass es darum geht, die schönste, die interessanteste und die unbekannteste Seite zu finden.

Vor der Aufführung zeigt jedes Kind der Lehrerin/dem Lehrer, was es gefunden hat. Diese schaut diese Internetadressen genauer an und bespricht notfalls problematische Aspekte mit dem Kind individuell vor der öffentlichen Vorführung.

Gemeinsam sitzen alle Kinder in Stuhlreihen wie im Kino und schauen auf die Leinwand. Nacheinander stellt jedes Kind seine Lieblingsseite vor. Zum Schluss der Vorstellung darf jedes Kind überlegen, ob es diese Seite für interessant, schön oder besonders unbekannt hält. Am besten geht es, wenn die Ergebnisse auf ein Whiteboard projiziert werden, dann kann die ganze Klasse sehen, welche Seite vorgestellt wird.

Am Schluss der Vorstellungsrunde wird ausgewertet, welche Internetseite die schönste, die interessanteste und die unbekannteste ist. Als Erinnerungsstütze darf jedes Kind nur ein Bild seiner Lieblingsseite den anderen zeigen, damit die Klasse dann dazu die Bewertung mit den farbigen Stimmzetteln abgeben kann. Vorher muss noch Einverständnis hergestellt werden, mit welcher Farbe die interessanteste, die schönste und die unbekannteste Seite gewählt wird. Bei der Abstimmung darf jedes Kind nur einmal jede Farbe der Stimmzettel hochhalten. Zwei Kinder zählen die Stimmen und notieren sich die Zahl der Stimmen pro Seite und pro Kategorie. Am Schluss wird gemeinsam die interessanteste, schönste und unbekannteste Seite der Klasse noch einmal vorgeführt.

Fortführung:

Wandzeitung herstellen

Zum Thema Internet ist eine Variante der üblichen Wandzeitungen sinnvoll. Hier geht es weniger um Fragen zur Thematik, sondern um Begriffe, die im Laufe der Unterrichtsgespräche fallen und für alle verständlich sind. Am besten ist es, die Begriffe werden auf der Wandtafel aufgeschrieben und gelb unterlegt, wenn sie von allen Kindern verstanden werden.

Die rechte Seite ist für Bilder und Informationen vorbehalten, die im Laufe der Arbeit zur Thematik gesammelt werden.

3 Differenzierungsformen

Es folgen Anregungen, die den für inklusiven Sachunterricht zentralen Dimensionen wie „Subjektsein – Emotionen", körperbasierte Lernformen, Soziales Lernen, Weite erschließen mehr oder weniger stark entsprechen.

4.4.3 D 1 Elfchen zum Thema Internet

Ein Elfchen ist ein Gedicht, das Kinder selber leicht erfinden können. Die Regeln für ein Elfchen, also eine besondere Gedichtform, sind für Kinder einfach umzusetzen. Insgesamt besteht dieses Gedicht aus 11 Wörtern. In der ersten Zeile steht ein Schlüsselwort, also hier Computer oder Internet. Die genauen Regeln mit Beispielen findet man in Kapitel 4.2.3 unter D2

4.4.3 D 2 Käferatlaskritik

Auf der Webpage: http://www.kaeferatlas.de/beitraege/beitraege.html findet man verschiedene Beiträge von Schulklassen über Fledermäuse, Insekten, Spinnen, Schmetterlinge, Teichtiere, Borkenkäfer und viele andere. Jede Partnergruppe darf sich einen Beitrag aussuchen und genau anschauen. Dann werden die Beiträge bewertet. Die Kinder können entweder selbst Bewertungskriterien finden oder sich an einem vorgegebenen Katalog orientieren. Ein derartiger Katalog könnte sein:

- Es klappt alles technisch
- Man kann die Filme und Bilder auch tatsächlich sehen
- Man kann gut hin und her navigieren

- Die Seiten sehen schön aus
- Die Seite sieht echt wie von Kindern gemacht aus
- Kinder haben die Seiten selbst gemacht
- Es gibt lustige Seiten
- Die Seiten regen zum Selbermachen an
- Es ist alles gut erklärt
- Es macht Spaß, diese Seite anzuschauen
- Die Seite ist abwechslungsreich gestaltet
- Man findet viele wichtige Informationen
- Die Bilder und Fotos sind leicht zu laden
- Alles ist übersichtlich
- Man kann auf dieser Seite etwas sehen und hören
- Man lernt die Kinder der Klasse etwas kennen, die das gemacht haben

Abschließend werden alle Bewertungen schriftlich festgehalten, um sie später der ganzen Klasse zu zeigen. Am Schluss gibt jede Partnergruppe ihrer Seite eine Gesamtnote und bewertet dann eine zweite Seite.

4.4.3 D3 Internettagebuch führen und auswerten

Eine Woche lang schreibt jedes Kind auf, auf welchen Internetseiten es war. Dazu können die Links auch aus dem Verlaufsprogramm des eigenen Computers/Notebooks/Tablets/Smartphone zusammengestellt werden. Diese Protokolle werden der Auswertungsgruppe gegeben. Diese hat die Aufgabe, eine grafische Darstellung des Internetverhaltens der Klasse zu erstellen. Die Kategorien werden von der Gruppe selbst ausgesucht. Mögliche Kategorien können sein: Filme ansehen, nach Informationen suchen, Computerspiele spielen, auf sozialen Netzwerken suchen und eintragen, Verkaufsangebote anschauen, Sportnachrichten schauen …

Am Schluss werden die Ergebnisse des Internetverhaltens der Klasse auf ein großes Plakat gezeichnet. Dieses Plakat wird im Abschlusskreis für alle gezeigt.

4.4.3 D4 Einen digitalen Film über die eigene Klasse erstellen

Eine Gruppe überlegt sich, was sinnvoll ist, in einem Film über die Klasse online zu stellen. Gemeinsam wird ein Drehbuch erstellt. Nacheinander werden verschiedene Szenen aufgenommen und anschließend im Computer gespeichert. Am Schluss werden die Szenen in einem Filmschnittprogramm zusammengestellt.

4.4.3 D5 Klassenwebsite erstellen

Eine Gruppe bereitet eine Website für die eigene Klasse vor. Dazu muss im Vorfeld geklärt werden, welcher Serverplatz dafür zur Verfügung steht und welches Programm dazu genommen werden, wie das Zugangspasswort lautet und wer Administrationsrechte hat. Wenn diese Grundbedingungen stimmen, kann überlegt werden, was für die Klasse am besten präsentiert wird. Dazu werden Fotos aufgenommen, Zeichnungen gemacht und gescannt, Interviewtexte getippt und gespeichert, Beschreibungstexte beschrieben. Gemeinsam wird die Struktur dieser Seite diskutiert und ein Netzplan entworfen. Mit einem Internetzugangsprogramm wird alles, was die Gruppe online stellen will, eingegeben, hochgeladen und veröffentlicht. Es geht auch ohne speziellen Speicherplatz, wenn einfach eine Seite in einem öffentlichen Blog wie tumblr.com für die Klassenwebsite eröffnet wird. Während der Arbeit sollte die Gruppe bei Bedarf auf das folgende Buch zurückgreifen können: Schwendemann, Andrea/Blanck, Iris (2014): Surfen, chatten, posten, bloggen. Sicher unterwegs im Internet. Frankfurt: Fischer. Meyers Kinderbuch

4.4.3 D6 Internetführerschein erwerben

Auf der Basis des Buches zum Internetführerschein wird ein Führerscheinkonzept für die Klasse entwickelt. Alle Kinder müssen mit Unterstützung lernen, sicher zu chatten, wie wichtige Inhalte in einem Blog online gestellt werden und vor allem mit welchen Suchbegriffen und mithilfe welcher Suchmaschinen am effektivsten die gesuchten Informationen gefunden werden können. Ein wichtiger Punkt des Internetführerscheins sollte auch sein, die gefundenen Ergebnisse zu bewerten und die richtigen Informationen von unwichtigen, unsachlichen oder unethischen zu unterscheiden.

4.4.3 D7 Botschaft schnell verschicken

Wir wissen, dass das Internet wahnsinnig schnell Nachrichten von einem Ort zum anderen transportiert. 1 Millionen Emails können in einer Sekunde von Europa nach Nordamerika über das Seekabel verschickt werden. Solche Geschwindigkeiten sind unvorstellbar schnell. Wir können versuchen, es nachzumachen. Ein Kind hält eine Stoppuhr, die anderen stellen sich in einer Reihe auf und fassen sich an. Das Kind, das ganz links in der Reihe steht gibt mit der rechten Hand einen Druck weiter an das nächste Kind. Sobald dieses den Druck empfangen hat, gibt es ihn wieder mit der rechten Hand weiter. Alles muss sehr schnell gehen. Wenn das letzte Kind den Druck in seiner linken Hand verspürt, muss es laut „Stopp" sagen. Das Kind mit der Stoppuhr stoppt, wie viele Sekunden es gedauert hat, einen einzigen Handdruck von Kind zu Kind weiterzugeben. Es hat vermutlich mehrere Sekunden gedauert, bis der Händedruck am Ende der Kinderschlange angekommen ist. Dagegen sind im Internet in nur einer Sekunde bereits 1 000 000 Emails gleichzeitig von Europa nach Amerika angekommen.

4 Gemeinsames Zusammenführen

Vorführen des Versuchs über das schnelle Verschicken einer Botschaft und Gespräch über die enormen Möglichkeiten im Internet. Danach Austausch über die anderen Ergebnisse der differenzierten Gruppenarbeit.

Die Partnergruppen stellen nacheinander ihre Bewertungen zu den Seiten im Käferatlas der Klasse vor. Die Klasse sitzt wie im Anfangsritual in Stuhlreihen wie im Kino vor der Leinwand.

An der Wandzeitung wird geschaut, welche Begriffe mittlerweile verstanden werden und welche noch ausstehen. Gemeinsam wird überlegt, ob es noch möglich sein könnte, diese noch offenen Fragen zu beantworten. Außerdem wird überlegt, welche Informationen und Abbildungen noch auf der rechten Seite der Wandzeitung ergänzt werden können.

5 Abschlussritual

Eine Lobrunde und eine Kritikrunde zur Website der Klasse. Die Website wird mit dem Beamer auf eine Leinwand oder auf ein Whiteboard projiziert (bzw. sofern vorhanden: Smartboard).

Gemeinsames Betrachten der Website der Klasse im Internet und Applaudieren bei den einzelnen Abschnitten in der ersten Runde. Bei der zweiten Runde der Präsentation der Website der Klasse dürfen sich die Kinder Augen oder Ohren zuhalten, wenn sie etwas besseres zeigen oder hören wollen.

Vorbereitungsliteratur für Lehrerinnen und Lehrer

Albers-Heinemann, Tobias / Friedrich, Björn (2014): Das Elternbuch zu Facebook, WhatsApp, YouTube & Co. Köln: O'Reilly Verlag.

Datz, Magret / Schwabe, Rainer Walter / Treiber, Heike (2013): PC-Führerschein für Kinder. Lehrerheft. Offenburg: Mildenberger Verlag.

Kaiser, Astrid (2014): Praxisbuch handelnder Sachunterricht Band 4. Baltmannsweiler: Schneider Verlag, S. 67–74 (Fernsehen / Medien).

Papsdorf, Christian (2013): Internet und Gesellschaft. Wie das Netz unsere Kommunikation verändert. Frankfurt: Campus Verlag.

Passig, Kathrin / Lobo, Sascha (2012): Internet: Segen oder Fluch. Berlin: Rowohlt Verlag.

Anregungsliteratur für Kinder

Feibel, Thomas / Herold, Heike (2014): Internet, aber richtig! Sicher im Netz unterwegs. Ravensburg: Ravensburger Verlag.

Reichardt, Cornelia / Siller, Friederike / Brenn Luzie / Seidel, Thomas (2011) (Hrsg.): Der Internet-Führerschein für Kinder: Clever surfen – Infos finden – sicher chatten. Mühlheim: Verlag an der Ruhr.

Schwendemann, Andrea / Blanck, Iris (2014): Surfen, chatten, posten, bloggen. Sicher unterwegs im Internet. Frankfurt: Fischer. Meyers Kinderbuch.

Schumann, Hans-Georg (2015): Computer für Kids. Wachtendonk: mitp Verlag.

5 Zur Praxis inklusiven Sachunterrichts

In diesem Buch konnten nur einzelne ausgewählte Praxisthemen inklusiven Sachunterrichts näher erläutert werden. Damit die hier aufgestellten Grundgedanken weiter auf das breite inhaltliche Spektrum des Sachunterrichts übertragen werden können, werden nun zusammenfassend zunächst Grundsätze der Praxis inklusiven Sachunterrichts an Beispielen erläutert. Im zweiten Abschnitt dieses Kapitels folgt dann abschließend eine Checkliste für inklusiven Sachunterricht, welche jede Lehrperson an den eigenen Unterricht anlegen kann.

5.1 Praxisprinzipien und Beispiele

Sachunterricht wird oft als vereinfachter Unterricht der sekundarstufenbezogenen Bezugsfächer aufgefasst, also beispielsweise des Physik-, Chemie-, Biologie, Politik- oder Geschichtsunterrichts. Dabei wird oftmals von hochabstrakten Zusammenhängen ausgegangen und von hier aus simplifiziert – dabei geht dann häufig zugunsten von Kleinschrittigkeit die Komplexität der Sache verloren. Ihre Bedeutsamkeit ist dann nur schwer für die Kinder erkennbar. Wenn wir eine fachliche Deduktion vornehmen, klammern wir daher die Kinder in ihren besonderen Lernerfahrungen und Lernvoraussetzungen im Denken aus und wir verlieren zugleich den Blick auf die Phänomene selbst und die Fragen, die sie uns ganz direkt aufgeben – sei es der Morgennebel auf dem Schulweg oder das Knacken im Heizkörper des Klassenraums.

Inklusiver Sachunterricht sollte daher mehrperspektivischer Sachunterricht sein, bei dem jedem Kind die Möglichkeit eingeräumt wird, aus der spezifischen Lebenslage und den individuellen Erfahrungen heraus und auf dem Stand seiner jeweiligen Lernvoraussetzungen produktiv am Unterricht mitzuarbeiten. Gleichzeitig ist es notwendig, diese Vielfalt der Lernvoraussetzungen auch weiter zu führen und nicht zu egalisieren und einzuebnen, dass Kinder verschieden sind – Angleichung ist nicht das Ziel inklusiven Sachunterrichts, sondern individuelle Herausforderung jedes einzelnen Kindes in sozialer Zugehörigkeit zur Gruppe. Zugehörigkeit entwickelt sich aber nicht dann, wenn alle zum gleichen Zeitpunkt das Gleiche tun, sondern dann, wenn sich alle gleichermaßen akzeptiert und herausgefordert fühlen. Deshalb ist Sachunterricht nur dann wirklich inklusiv, wenn dabei viele verschiedene Denkanregungen entwickelt werden und wenn wirklich jedes einzelne Kind mit verschiedenen Lernanregungen konfrontiert ist.

Deshalb ist es besonders bedeutsam, dass der Sachunterricht nicht kognitiv als reine Wissensabfrage gestaltet wird, wie es in vielen Arbeitsblattvorlagen Gang und Gäbe ist. Wenn wir die sozialen Lernprozesse, den kommunikativen Austausch und die emotionale Fundierung des Sachunterrichts in den Vordergrund stellen wollen, dann ist es elementar, mit Dingen zum Staunen und mit Prozessen zum Sich-Wundern zu beginnen. Der konkrete Umgang mit diesen Phänomenen und Objekten soll die Kinder zu eigenen Interessen und Fragen anregen.

So kann eine Stunde zum Magnetismus mit einem gemeinsamen Versuch in der Kreismitte beginnen. Verschiedene alltägliche Gegenstände wie ein Nagel, ein Trinkglas, ein Bleistift und ein Brotdose werden auf einer Unterlage gut sichtbar für alle Kinder ausgelegt. Die Kinder dürfen dann schon raten, was passiert, wenn ein großer Magnet in Richtung auf diese Dinge gehalten wird. Wenn alle die Vermutungen und Fragen auf der Wandzeitung notiert sind, erhalten die Kinder gruppenweise je eine Magnetekiste mit einer Vielzahl von Gegenständen. So können sie in der Gruppe bei unterschiedlichen Vorerfahrungen und sprachlicher Entwicklung gemeinsam Erfahrungen sammeln und sich untereinander austauschen.

Das Wundersame des Gegenstandes trägt und veranlasst die Kinder zu weiteren Versuchen – besonders wenn dies kommunikativ und praktisch-handelnd geschieht, sodass alle Kinder mitwirken können.

Da nicht alle Kinder ein anregungsreiches Elternhaus haben, ist es im Sinne inklusiven Sachunterrichts besonders bedeutsam, dass alle in der Schule mit der belebten und unbelebten Natur neue gemeinsame Erfahrungen gewinnen, die sie teilen können. Der Sachunterricht ist dann inklusiv, wenn gemeinsam Erfahrungen gemacht und diese dann kommunikativ verarbeitet werden.

Der Zauber der unerwarteten Effekte fasziniert auch Kinder, die in einem auf die Lehrperson zentrierten Unterricht Probleme haben. Sie entwickeln oft eine hohe Motivation zum Ausprobieren und Neugierde auf die Sache. Auch mehrsprachige Kinder fangen in derartigen Versuchsgruppen oft an, sich zu äußeren und damit die Sprachkompetenz im Deutschen zu steigern – vor allem dann, wenn es ihnen gestattet ist, sich ebenfalls in ihrer Familiensprache einzubringen oder zwischen den Sprachen zu wechseln, sodass sie nicht immer erst im Kopf übersetzen müssen, bevor sie einen spontanen Gedanken äußern wollen.

Gerade weil es bei den Phänomenen zum Staunen oft nur ums konkrete Probieren geht, bekommen auch Kinder, die bereits Misserfolgserlebnisse in der Schule hinter sich haben, Mut zum Reden und Mitmachen. Die Selbstzuschreibung, schulische Nichtkönner zu sein, kann sich über die zumeist noch üblichen Gutachtenverfahren zur Festschreibung des so genannten „sonderpädagogischen Förderbedarfs“ schnell entwickeln, wenn die Lehrpersonen dies in Form abgesenkter Erwartungen an die Kinder weitergeben – und dies wird durch didaktisch unsinnige formale Vorgaben wie einen so genannten „zieldifferenten“ Unterricht

(Schulministerium NRW 2014) noch befördert[1]. In derartigen spannenden Versuchssituationen kann dies leicht außer Kraft gesetzt werden und der Reichtum der vielfältigen Ideen und Deutungsweisen nutzbar werden. Und der Sachunterricht bietet viele derartige staunenswerte Phänomene – egal ob man sich fragt, warum ein Ball springt oder eine Rosine im Sprudelwasser tanzt.

Denn wenn Kinder erst mal ins Staunen gekommen sind, wollen sie auch Lösungen finden. Sie sind somit zum Lernen motiviert und die Lehrperson erkennt hier oftmals, dass die Kinder in solchen Situationen die an sie gestellten Erwartungen weit übertreffen. Daher ist es wichtig, den inklusiven Sachunterricht mit den Phänomenen anzufangen, die weiteres Lernenwollen motivieren. Dazu sind kleine Dinge besonders geeignet, weil diese den Kindern von ihren anthropologischen Voraussetzungen besonders nahe stehen (vgl. Kaiser 2016, S. 148).

Zugleich gilt es, die gewählten Zusammenhänge auf ihre Bedeutsamkeit für das Leben der Kinder zu befragen. Denn Praxiskonzepte für den Sachunterricht sind nur dann sinnvoll, wenn sie geeignet sind, den Kindern bei der Lösung ihrer Gegenwarts- und Zukunftsfragen Orientierungshilfe zu geben.

Wichtig für die Gestaltung inklusiven Sachunterrichts ist, dass wir die Welt der Kinder nicht als statisch fixiert betrachten, sondern akzeptieren, dass jedes Kind jeweils unterschiedliche Wahrnehmungsformen und -möglichkeiten hat. Dieser Verschiedenheit müssen Konzepte für den Sachunterricht gerecht werden und dies gelingt nach unserer Erfahrung am besten im Konzept des kommunikativen Sachunterrichts (Becher u. a. 2013). Dabei gilt es insbesondere das Lernprinzip, dass Kinder von Kindern lernen, intensiv in die Praxis umzusetzen. Dafür muss das Lernen sozial strukturiert werden. Denn umfassende Bildung im Sachunterricht heißt auch, dass Kinder ihren verschiedenen Fragen an die Welt gründlich nachgehen und Lösungen suchen. Und zwar nicht allein, sondern in gemeinsamer Auseinandersetzung und Abwägung mit den Problemen. Wir „dürfen den Kindern das Ringen um die Sache, die individuelle Sinnproduktion, mit der man sich in ein als sinnvoll empfundenes Verhältnis zur Sache setzt, nicht nehmen. Sie müssen die Arbeit an und in sich selbst sowie die Zusammenarbeit mit anderen selbst tun. Das bedeutet auch, dass sie das Aushandeln intersubjektiver, wissenschaftlicher Sinnkonstruktionen, die der intellektuellen redlichen Kritik standhalten, selbst leisten müssen. Wir sind verpflichtet, ihnen das Forschen als individuelle Anstrengung und als sozial verantworteten Prozess zu ermöglichen, und wir müssen sie dazu nachdrücklich ermutigen“ (Soostmeyer 2002, 29).

[1] Besonders Kinder, die den Förderschwerpunkt Lernen zugeschrieben bekommen, haben schon eine schulische Misserfolgsbiografie hinter sich, weil sie den unausgesprochen verlangten Bildungshabitus nicht mitbringen. Der Sachunterricht bietet eine Chance, diese Verständigungsschwierigkeiten zwischen Schule und Lebenswelt zu überwinden. Denn wenn Kinder interessante Phänomene sehen, sich wundern über Entwicklungen oder über Veränderungen staunen, können sie wieder Lernlust und Zutrauen für alle Lernbereiche entwickeln und auch das Bild vom Kind im Kopf der Lehrperson kann sich verändern.

Inklusiver Sachunterricht ist demokratisch gestaltet. Denn wenn wir nachhaltige Bildung im Sachunterricht erreichen wollen, müssen wir das Lernen auch modellhaft als demokratisches Handeln organisieren. Bereits bei kleinen Entscheidungen können Kinder erfahren, wie eine demokratische Gesellschaft, in der die Menschen von unten über wichtige Inhalte und Ziele entscheiden, funktionieren kann. Demokratie muss beim Lernen in der Schule gelebt werden. Dies gilt gleichermaßen für die pädagogische Dimension des Unterrichts und des Schullebens sowie für die didaktische Dimension des Unterrichts. Kinder werden in inklusiven Grundschulen als Träger von Rechten anerkannt und als solche haben sie eine Stimme: von der kommunikativen Auseinandersetzung mit sachunterrichtlichen Zusammenhängen bis hin zu Mitspracherecht bei der Schulhofgestaltung.

Folgende Eckpunkte und Grundwerte sind daher für uns konzeptionell leitend:

- Mitbestimmung statt Autoritarismus
- Selbstbestimmung statt Untertanengeist
- Eigenaktivität statt Unselbständigkeit
- Solidarität statt Konkurrenz
- Soziale Verantwortung statt passives Rezipieren
- Achtung vor der Schöpfung statt Konsumismus

5.2 Checkliste

Ist meine Unterrichtsplanung inklusiv?

1.	Ausgangspunkt beim konkreten Phänomen? Anknüpfen an die Fragen der Kinder?	
2.	Wandzeitung oder andere Mittel zur Strukturierung des Verlaufs vorbereitet?	
3.	Situationen zur Beobachtung der verschiedenen Lernvoraussetzungen aller Kinder zur Thematik eingeplant?	
4.	Lernen mit allen Sinnen möglich?	
5.	Hohe kognitiv-abstrakte Aufgaben dabei? Weite des Lernspektrums und der Interessensvielfalt eröffnet? Fundamentale philosophische Fragen der Kinder angeregt?	
6.	Offene Aufträge dabei? Forschendes Lernen angeregt und ermöglicht?	
7.	Emotionale Erfahrungen ermöglicht? Emotionen als Lernmedium und Lernanlass einbezogen?	

8.	Verschiedene Handlungsanregungen angeboten? Multiple und bereichernde Differenzierungsformen angeboten?	
9.	Aufgaben, die das Miteinander der Kinder verlangen? Soziale Strukturierung des Lernprozesses gestaltet?	
10.	Bewegung in die Sachanregungen integriert?	
11.	Kleine Dinge bei den Aufgaben?	
12.	Spannende, faszinierende Handlungsanregungen?	
13.	Erweiterung des Erfahrungs-, Deutungs- und Wissenshorizonts durch Kinderbücher oder andere Medien ermöglicht?	
14.	Kreative Aktivitäten der Kinder angeregt?	
15.	Ausdruck von Lebensfreude für die Kinder ermöglicht?	
16.	Wechselseitiges Sorgen und Fürsorgeempfangen während der Handlungsanregungen möglich?	
17.	Körpernahe Anregungen gegeben? Körperlichkeit als Moment des Lernens ernst genommen?	
18.	Auswahl eines Sachthemas, das vieldimensionalen Sachunterricht ermöglicht? Ungleichzeitigkeit von Lernschritten eingeräumt?	
19.	Kommunikativer Austausch an allen Gelenkstellen des Unterrichtsverlaufs vorgesehen? Raum für das dialogische Prinzip ermöglicht?	
20.	Kinder als Subjekte in ihrer aktuellen Lebenslage angesprochen und einbezogen?	
21.	Individuelle Unterstützung und Herausforderung beim Lernen vorbereitet?	

6 Literaturverzeichnis

Becher, A., Miller, S., Oldenburg, I., Pech, D. & Schomaker, C. (2013) (Hrsg.): Kommunikativer Sachunterricht. Facetten der Entwicklung. Baltmannsweiler: Schneider Verlag.

Booth, T., Ainscow, M. (2011): Index for inclusion: developing learning and participation in schools. Bristol: Centre for Studies on Inclusive Education (3. Aufl.).

Booth, T. (2012): What really matters in education and childcare? Education and childcare as inclusive values in action. In Seitz, S. / Finnern, N. / Korff, N. / Scheidt, K. (Hrsg.): Inklusiv gleich gerecht? Inklusion und Bildungsgerechtigkeit. Bad Heilbrunn: Klinkhardt, 72–85.

Calvert, K. (2004): Können Steine glücklich sein? Philosophieren mit Kindern. Reinbek: Rowohlt Verlag.

Calvert, K. (2015): 48 Bildkarten zum Philosophieren mit Kindern: Zur Förderung individueller Begabungen. Weinheim: Beltz.

Cube, F. von (1982): Kybernetische Grundlagen des Lernens und Lehrens. 4. Aufl. Stuttgart: Klett-Cotta.

Deppe-Wolfinger, H., Prengel, A. & Reiser, H. (1990): Integrative Pädagogik in der Grundschule. Bilanz und Perspektiven der Integration behinderter Kinder in der Bundesrepublik Deutschland 1976–1988. Weinheim: Juventa.

Department for Education. Schools (ed.) (2013): National Curriculum. Verfügbar unter: http://www.education.gov.uk/schools/teachingandlearning/curriculum/primary [letzter Zugriff: 10.03.2017].

Eberwein, H. & Knauer, S. (1998) (Hrsg.): Handbuch Lernprozesse verstehen. Weinheim/Basel.

Edelstein, W. (2006): Bildung und Armut. Der Beitrag des Bildungssystems zur Vererbung und zur Bekämpfung von Armut. Zeitschrift für Soziologie der Erziehung und Sozialisation 26, 2, 120–134.

Fetzer, M. (2016): Inklusiver Mathematikunterricht. Ideen für die Grundschule. Baltmannsweiler: Schneider Verlag.

Feuser, G. (1999): Gemeinsames Lernen am gemeinsamen Gegenstand. In: Hildeschmidt, A. & Schnell, I. (Hrsg.): Integrationspädagogik. Auf dem Weg zu einer Schule für alle. Weinheim und München: Juventa, 19–36.

Feuser, G. (1999): Integration – eine Frage der Didaktik einer Allgemeinen Pädagogik. In: Behinderte 1, 39–49.

Giest, H., Kaiser, A. & Schomaker, C.: editorial. In: Giest, H., Kaiser, A. & Schomaker, C. (2011) (Hrsg.): Sachunterricht – auf dem Weg zur Inklusion. Bad Heilbrunn: Klinkhardt, 9–12.

Hattie, J. (2013): Lernen sichtbar machen. Baltmannsweiler: Schneider Verlag.

Hinz, A. (2011): Inklusive Pädagogik – Vision und konkretes Handlungsprogramm für den Sachunterricht? In: Giest, H., Kaiser, A. & Schomaker, C. (Hrsg.): Sachunterricht – auf dem Weg zur Inklusion. Bad Heilbrunn: Klinkhardt, 23–38.

Hinz, Andreas (2002): Von der Integration zur Inklusion – terminologisches Spiel oder konzeptionelle Weiterentwicklung? In: Zeitschrift für Heilpädagogik, 53, 354–361.

Hinz, A., Katzenbach, D., Rauer, W., Schuck, K. D., Wocken, H. & Wudtke, H. (1998) (Hrsg.): Die Entwicklung der Kinder in der Integrativen Grundschule. Hamburg. Hamburger Buchwerkstatt.

Huf, C., Raggl, A. (2015): Social orders and interactions among children in age mixed classes – new perspectives from a synthesis of ethnographic data. In: Ethnography & Education. Routledge.

Kaiser, A. (1995): Einführung in die Didaktik des Sachunterrichts. 1. Auflage. Baltmannsweiler: Schneider Verlag.

Kaiser, A. (2000): Sachunterricht der Vielfalt – implizite Strukturen der Integration. In: Löffler, G., Möhle, V., Reeken, D. von & Schwier, V. (Hrsg.): Sachunterricht – Zwischen Fachbezug und Integration. Bad Heilbrunn: Klinkhardt, 91–107.

Kaiser, A. (2002): Verschiedene Kinder sehen die Welt verschieden – Didaktische Probleme der Vielfalt im Sachunterricht. In: Voß, Reinhard (Hrsg.): Unterricht aus konstruktivistischer Sicht. Neuwied: Kriftel, 152–173.

Kaiser, A. (2008): Kommunikativer Sachunterricht. In: Kaiser, A. & Pech, D. (Hrsg.): Neuere Konzeptionen und Zielsetzungen im Sachunterricht. Basiswissen Sachunterricht Band 2. 2. Aufl. Baltmannsweiler: Schneider Verlag, 48–57.

Kaiser, A. (2010): Heterogenität und anthropologisch Konstantes in der Kindesentwicklung – ein Widerspruch? In: Köker, A., Romahn, S. & Textor, A.: Herausforderung Heterogenität. Ansätze und Weichenstellungen. Bad Heilbrunn: Klinkhardt, 38–51.

Kaiser, A. (2013): „Indianer“ im Sachunterricht. Baltmannsweiler: Schneider Verlag.

Kaiser, A. (2014): Praxisbuch handelnder Sachunterricht. Band 4. Baltmannsweiler: Schneider Verlag.

Kaiser, A. (2015): Die Kategorie „Kind“ als Dimension des Sachunterrichts. In: Rauterberg, M. (Hrsg.): Resonanzen – im Elementar- und Primarbereich. Hans-Joachim Fischer zur Pensionierung, Beiheft 10, 163–178. verfügbar unter: http://www.widerstreit-sachunterricht.de/beihefte/beiheft10/beiheft_10.pdf [letzer Zugriff: 5.5.2017].

Kaiser, A. (2016): Neue Einführung in die Didaktik des Sachunterrichts. 5. Auflage. Baltmannsweiler: Schneider Verlag.

Kaiser, A. & Seitz, S. (2006): Integrationsschulen. In: Eltern-Kursbuch: Grundschule. Kinder fördern, fordern und erziehen. Berlin: Cornelsen Scriptor Verlag, 204–223.

Kaiser, A. & Albers, S. (2011): Inklusion durch Lernaufgaben in Sachunterrichtsbüchern – ein Widerspruch? In: Giest, H., Kaiser, A. & Schomaker, C. (Hrsg.): Sachunterricht – auf dem Weg zur Inklusion. Bad Heilbrunn: Klinkhardt, 79–87.

Kaiser, A. & Lüschen, I. (2014): Das Miteinander lernen. Baltmannsweiler: Schneider Verlag.

Kalpaka, A. & Mecheril, P. (2010): „Interkulturell“. Von spezifisch kulturalistischen Ansätzen zu allgemein reflexiven Perspektiven. In: Andresen, S., Hurrelmann, K., Palentien, C. & Schröer, W. (Hrsg.): Migrationspädagogik. Weinheim und Basel: Beltz, 77–98.

Klafki, W. (1992): Allgemeinbildung in der Grundschule und der Bildungsauftrag des Sachunterrichts. In: Lauterbach, R., Köhnlein, W., Spreckelsen, K. & Klewitz, E. (Hrsg.): Brennpunkte des Sachunterrichts. Kiel: IPN, 11–31.

Klafki, W. (1994): Recht auf Gleichheit – Recht auf Differenz in bildungstheoretischer Perspektive. In: Neue Sammlung 34, S. 579–594.

Klafki, W. (1996): Neue Studien zur Bildungstheorie und Didaktik: zeitgemäße Allgemeinbildung und kritisch-konstruktive Didaktik (5. Unveränd. Aufl.). Weinheim, Basel: Beltz.

Klafki, W. (2008): Schlüsselprobleme. In: Kaiser, A. (Hrsg.): Lexikon Sachunterricht. 4. Aufl. Baltmannsweiler: Schneider Verlag, S. 182–183.

Klein, L. (1996): Célestin Freinet. Aus dem Leben – für das Leben. In: kindergarten heute spezial: Pädagogische Handlungsansätze von Fröbel bis zum Situationsansatz, Herder Verlag, 22–29; Nachdruck in Textor, M. (Hrsg.): Online Handbuch Kindergartenpädagogik. Verfügbar unter: http://www.kindergartenpaedagogik.de/402.html [letzer Zugriff: 5.5.2017].

Köhnlein, W., Marquardt-Mau, B. & Schreier, H. (Hrsg.) (1999): Vielperspektivisches Denken im Sachunterricht. Bad Heilbrunn: Klinkhardt Verlag.

Korff, N. (2015): Inklusiver Mathematikunterricht in der Primarstufe. Belief-Systeme von Grundschullehrerinnen und Lehrpersonen für Sonderpädagogik. Basiswissen Grundschule Band 31. Baltmannsweiler: Schneider Verlag.

Kottmann, B. (2006): Selektion in die Sonderschule. Das Verfahren zur Feststellung von sonderpädagogischem Förderbedarf als Gegenstand empirischer Forschung. Bad Heilbrunn: Klinkhardt.

Krämer-Kilic, I., Albers, T., Kiehl-Will, A. & Lühmann, S. (2014): Gemeinsam besser unterrichten: Teamteaching im inklusiven Klassenzimmer. Mülheim: Verlag an der Ruhr.

Lanfranchi, A. (2016): Zuweisung von Kindern mit Schulproblemen zu sonderpädagogischen Maßnahmen: Schulpsychologen weniger diskriminierend als Lehrkräfte. Originalarbeit in: Prax. Kinderpsychol. Kinderpsychiat. 65: 113–126, Vandenhoeck & Ruprecht GmbH & Co. KG: Göttingen.

Lichtblau, M. (2013): Eine Klasse voller Experten – Auf Basis individueller Interessen inklusiv unterrichten. In: Lernchancen, 93/94, 60–64.

Lichtblau, M. (2014): Familiäre Unterstützung der kindlichen Interessenentwicklung in der Transition vom Kindergarten zur Schule. In: Zeitschrift Frühe Bildung, 3 (2), 93–103.

Maaz, K., Baumert, J. & Trautwein, U. (2009): Genese sozialer Ungleichheit im institutionellen Kontext der Schule: Wo entsteht und vergrößert sich soziale Ungleichheit? In: Zeitschrift für Erziehungswissenschaft, Sonderheft 12–2009, 11–46.

Meyer, H. (2004): Was ist guter Unterricht? Berlin: Cornelsen.

Mussen, P. H., Conger, J. J., Kagan, J. & Huston, A. C. (1999): Lehrbuch der Kinderpsychologie. Band 1. Stuttgart.

National Curriculum (2013): science programmes of study. Verfügbar unter: https://www.gov.uk/government/publications/national-curriculum-in-england-science-programmes-of-study [letzter Zugriff: 10.03.2017].

Naugk, N., Ritter, A., Ritter, M. & Zielinski, S. (2016): Deutschunterricht in der inklusiven Grundschule. Perspektiven und Beispiele. Weinheim & Basel: Beltz.

Overwien, B. & Prengel, A. (Hrsg.) (2007): Recht auf Bildung. Zum Besuch des Sonderberichterstatters der Vereinten Nationen in Deutschland. Opladen: Budrich.

Pech, D. (2008): 'Ungleichheit' thematisieren als sachunterrichtlicher Beitrag zur Förderung von Chancengleichheit. In: Ramseger, J. & Wagener, M. (Hrsg.): Chancenungleichheit in der Grundschule. Ursachen und Wege aus der Krise. Wiesbaden: VS Verlag, 227–230.

Pfeiffer, S. (2008): Ethische Bildung in der Grundschule. Baltmannsweiler: Schneider Verlag.

Pfeiffer, S. & Wegehaupt, B. (2010): Oh, wie schön! Philosophieren mit Kindern in der Grundschule. Leipzig: Militzke Verlag.

Pompe, A. (2015): Deutsch inklusiv. Gemeinsam lernen in der Grundschule. Baltmannsweiler: Schneider Verlag.

Prengel, A. (1993): Pädagogik der Vielfalt. Verschiedenheit und Gleichberechtigung in Interkultureller, Feministischer und Integrativer Pädagogik. Opladen: Leske und Budrich.

Ragaller, S. (2008): Kinder lernen von Kindern. In: Kaiser, A. & Pech, D. (Hrsg.): Lernvoraussetzungen und Lernen im Sachunterricht. 2. Auflage Baltmannsweiler: Schneider Verlag 2008, 159–166.

Roth, H. (1955): Kind und Geschichte. Psychologische Voraussetzungen des Geschichtsunterrichts in der Volksschule. München: Kösel

Scheidt, K. (2017): Inklusion. Im Spannungsfeld von Individualisierung und Gemeinsamkeit. Hohengehren: Schneider Verlag.

Schomaker, C. (2007): Didaktische Relevanz ästhetischer Zugangsweisen im Sachunterricht für alle Kinder. Oldenburg: BIS-Verlag.

Schulministerium NRW (2016): Verordnung über sonderpädagogische Förderung. Verfügbar unter: https://recht.nrw.de/lmi/owa/br_bes_text?anw_nr=2&gld_nr=2&ugl_nr=223&bes_id=7587#det372557 [letzter Zugriff: 20.08.2016].

Seitz, S. (2004a): Forschungslücke Inklusive Fachdidaktik – ein Problemaufriss. In: Schnell, I. & Sander, A. (Hrsg.): Inklusive Pädagogik. Bad Heilbrunn und Obb.: Klinkhardt Verlag, 215–231.

Seitz, S. (2004b): Wie fühlt sich die Zeit an? Ästhetische Zugangsweisen zum Phänomen Zeit. In: widerstreit-sachunterricht, Online-Magazin, Ausgabe Nr. 3.Verfügbar unter: http://www.widerstreit-sachunterricht.de [Letzer Zugriff: 5.5.2017].

Seitz, S. (2005): Zeit für inklusiven Sachunterricht. Baltmannsweiler: Schneider Verlag.

Seitz, S. (2006): Inklusive Didaktik: Die Frage nach dem 'Kern der Sache'. In: Zeitschrift für Inklusion. Online-Magazin, Heft 1. Verfügbar unter: http://www.inklusion-online.net/index.php/inklusion-online/article/view/184/184 [Letzter Zugriff: 5.5.2017].

Seitz, S. (2007): Kinder zwischen Begabung und Behinderung. In: Carle, U./Hahn, H./Möller, R. (Hrsg.): Begabungsförderung in der Grundschule. Baltmannsweiler: Schneider, S. 39–48.

Seitz, S. (2013): Kommunikativer Sachunterricht in inklusiven Grundschulen: Kinder machen gemeinsame Sache. In: Becher, A., Miller, S., Oldenburg, I., Pech, D. & Schomaker, C. (Hrsg.): Kommunikativer Sachunterricht. Baltmannsweiler: Schneider Verlag, 205–212.

Seitz, S. (2014): Inklusion in der Grundschule. In: Franz, E.-K., Trumpa, S. & Esslinger-Hinz, I. (Hrsg.): Inklusion. Eine Herausforderung für die Grundschulpädagogik. Baltmannsweiler: Schneider Verlag Hohengehren, 24–32.

Seitz, S. (2016): Inklusion im Unterricht. In: Der Bürger im Staat 66. Jg., Heft 1, 44–46.

Seitz, S. (2017a): Inklusiver Unterricht – bildungshistorische und bildungstheoretische Begründungen. In: Köker, A. & Stortländer, C. (Hrsg.): Kritische und konstruktive Anschlüsse an das Werk Wolfgang Klafkis. Weinheim: Beltz Juventa, 52–66.

Seitz. S. (2017b): Enrichment im Unterricht oder: Wie sich inklusive Schulen bereichern können. In: Textor, Annette; Grüter, Sandra; Schiermeyer-Reichl, Ines; Streese, Bettina (Hrsg.): Leistung inklusive? Inklusion in der Leistungsgesellschaft. Bad Heilbrunn: Klinkhardt, 69–76.

Seitz, S., Scheidt, K. (2012): Die Gruppe ist der größte Schatz – kooperative Lernformen im inklusiven Unterricht. In: GRUNDSCHULE, 44. Jg., Heft 3, 14–15.

Seitz, S., Pfahl, L., Lassek, M. & Rastede, M. (2016): Hochbegabung inklusive. Begabungsförderung an inklusiven Schulen. Weinheim: Beltz.

Siedenbiedel, C. & Theurer, C. (Hrsg.) (2015): Grundlagen inklusiver Bildung. Teil 1. Inklusive Unterrichtspraxis und -entwicklung. Köln: Prolog Verlag.

Sliwka, A. (2008): Bürgerbildung: Demokratie beginnt in der Schule. Weinheim: Beltz.

Solga, H. & Dombrowski, R. (2009): Soziale Ungleichheiten in schulischer und außerschulischer Bildung. Stand der Forschung und Forschungsbedarf. Hans-Böckler-Stiftung: Düsseldorf.

Soostmeyer, M. (2002): Genetischer Sachunterricht: Unterrichtsbeispiele und Unterrichtsanalysen zum naturwissenschaftlichen Denken bei Kindern in konstruktivistischer Sicht. Baltmannsweiler: Schneider Verlag.

Stähling, R. (2006): „Du gehörst zu uns." Inklusive Grundschule – Ein Praxisbuch zum Umbau der Schule. Basiswissen Grundschule. Band 20. Baltmannsweiler: Schneider Verlag.

Stähling, R. & Wenders, B. (2009): Ungehorsam im Schuldienst – Der praktische Weg zu einer Schule für alle. Grundlagen der Schulpädagogik. Band 66. Baltmannsweiler: Schneider Verlag.

Stähling, R. & Wenders, B. (2012): „Das können wir hier nicht leisten" Wie Grundschulen doch die Inklusion schaffen können. Ein Praxisbuch zum Umbau des Unterrichts. Basiswissen Grundschule. Band 28. Baltmannsweiler: Schneider Verlag.

Stähling, R.& Wenders, B. (2015): Teambuch Inklusion. Basiswissen Grundschule. Band 33. Baltmannsweiler: Schneider Verlag.

Stamm, M. (2014): Minoritäten als Begabungsreserven. In M. Stamm (Hg.): Handbuch Talententwicklung. Theorien, Methoden und Praxis in Psychologie und Pädagogik. Bern: Huber, 375–384.

UNESCO (1994): The Salamanca Statement and Framework for Action on Special Needs Education. Online verfügbar unter: http://www.unesco.org/education/pdf/SALAMA_E.PDF [letzter Zugriff: 20.05.2017].

UNESCO (2009): Policy Guidelines on Inclusion in Education. Paris: UNESCO. Online verfügbar unter: http://unesdoc.unesco.org/images/0014/001402/140224e.pdf [letzter Zugriff: 20.05.2017].

United Nations (1989): Convention on the Rights of the Child. Verfügbar unter: http://www.ohchr.org/Documents/ProfessionalInterest/crc.pdf. [letzter Zugriff: 10.11.2016].

United Nations (2006): Conventions on the rights of persons with disabilities. Verfügbar unter: http://www.un.org/disabilities/convention/conventionfull.shtml [letzter Zugriff: 10.11.2016].

United Nations (2016): General comment No. 4: Right to inclusive education. Verfügbar unter: http://www.ohchr.org/EN/HRBodies/CRPD/Pages/GCRightEducation.aspx [letzter Zugriff: 20.5.2017].

Wagner, S. J. & Powell, J. J. (2014): An der Schnittstelle Ethnie und Behinderung benachteiligt. Jugendliche mit Migrationshintergrund an deutschen Sonderschulen weiterhin überrepräsentiert. In G. Wansing & M. Westphal (Hrsg.): Behinderung und Migration. Inklusion, Diversität, Intersektionalität Wiesbaden: VS Verlag, 177–199.